공공기관 경영평가
성과지표 개발 워크북

공공기관 경영평가 성과지표 개발 워크북

발행일	2025년 6월 20일

지은이	신수행		
펴낸이	손형국		
펴낸곳	(주)북랩		
편집인	선일영	편집	김현아, 배진용, 김다빈, 김부경
디자인	이현수, 김민하, 임진형, 안유경	제작	박기성, 구성우, 이창영, 배상진
마케팅	김회란, 박진관		
출판등록	2004. 12. 1(제2012-000051호)		
주소	서울특별시 금천구 가산디지털 1로 168, 우림라이온스밸리 B동 B111호, B113~115호		
홈페이지	www.book.co.kr		
전화번호	(02)2026-5777	팩스	(02)3159-9637
ISBN	979-11-7224-696-9 03320 (종이책)		979-11-7224-697-6 05320 (전자책)

잘못된 책은 구입한 곳에서 교환해드립니다.
이 책은 저작권법에 따라 보호받는 저작물이므로 무단 전재와 복제를 금합니다.
이 책은 (주)북랩이 보유한 리코 장비로 인쇄되었습니다.

(주)북랩 성공출판의 파트너

북랩 홈페이지와 패밀리 사이트에서 다양한 출판 솔루션을 만나 보세요!

홈페이지 book.co.kr • **블로그** blog.naver.com/essaybook • **출판문의** text@book.co.kr

---

작가 연락처 문의 ▸ ask.book.co.kr

작가 연락처는 개인정보이므로 북랩에서 알려드릴 수 없습니다.

성과지표 설계부터 보정까지, 현장에서 바로 쓰는 실전 매뉴얼

공공기관 경영평가
성과지표 개발 워크북

신수행 지음

| 추천의 글 |

시스템 경영과 성과관리의 핵심적인 요소를 이해하는 데 매우 유용한 지침서

고려대 정경대학 경제학과 교수 김동헌
(전 기획재정부 공공기관 경영평가단 단장)

공공기관 경영평가제도는 40년의 역사를 지나면서 공공기관의 발전과 대국민 서비스 향상에 크게 기여했습니다. 공공기관의 경쟁력은 지속적으로 향상되어 국제적 수준의 사업성과도 달성하고 글로벌 공공기관으로 인정받고 있습니다. 이렇게 공공기관이 발전할 수 있게 된 중요한 요인 중의 하나는 경영평가제도를 통한 시스템 경영의 도입입니다. 공공기관은 시스템 경영을 위해 성과관리를 도입하고 경영전략과 중점사업을 실행하여 성과를 체계적으로 관리하고 평가하여 지속적인 개선을 이어갑니다.

이 책은 기관 실무자의 관점에서 시스템 경영과 성과관리의 핵심적인 요소를 이해하는 데 매우 유용한 지침서입니다. 성과관리를 설계하고 실행하는 과정에서 가장 중요하고 의미 있게 다가오는 것이 성과지표의 개발과 관리입니다. 시시각각으로 변화하는 경영환경 속에서 정부정책을 효과적으로 실행하기 위해서는 사업 리스크를 예방하면서 적기에 사업성과를 진단하고 의사결정을 내려야 하는데, 이를 위해 필요한 것이 성과지표입니다. 성과지표는 조직의 전략을 이해하고 대표사업의 성과를 측정하며 체계적인 진단과 구체적 대응을 리딩하는 실행지표입니다. 그동안 성과지표에 대한 가이드가 없었는데, 이 책은 성과지표의 개념, 설계 원칙, 다양한 사례 등 성과지표의 A to Z 지침서로서 공공기관 실무자들과 평가제도 전문가들에게 큰 도움이 될 것입니다.

진정한 가을의 결실에 희망을 주는 지침서

전 한전KDN(주) 사장 박성철

　　　　　가을의 농부는 지난여름에 흘린 땀과 노력의 대가를 가을의 열매로 보상받는다고 합니다. 고통과 희생이 없는 가을의 풍요로운 결실은 없다고 생각합니다.

공공기관에 근무하는 직원들의 최대 화두는 일 년간의 결실을 어떻게 거둘 것인가 하는 고민을 항상 하게 됩니다. 많은 공공기관이 다양한 형태의 업무를 객관적으로 평가받기에는 나름의 특색이 다르다는 이유로 평가 대응이 쉽지 않아 보입니다.

이러한 각기 다른 형태의 기관에 대하여 상세한 경영평가 방법들을 분석하고, 특색에 맞는 평가 대응 방법을 제시하는 것이야말로 공공기관 직원의 경영평가 대응을 위한 바로미터라 생각합니다.

30여 년의 공직 생활을 통하여 터득한 저자의 지식과 경험이 녹아 있는 본서가 진정한 가을의 결실을 보기 위한 밑거름이 되기를 희망합니다.

  또한, 이 워크북이 다양한 공공기관의 경영평가 대응을 위한 지침서가 되기를 기대합니다.

성과관리 담당자들이 갈구해 왔던
현장의 고민을 해결하는 지침서

서울여대 경영학과 교수 임효창
(전 기획재정부 공공기관 경영평가단 경영관리 팀장)

　　　　　　신수행 박사님이 새 책을 발간한다는 이야기를 들었을 때 '역시'라는 생각이 먼저 들었습니다. 역시 그럴 줄 알았다는 거지요. 가만히 있을 사람이 아니다. 공공기관 경영평가 실무자로서 그리고 품질전문가로서 현장 실무자들에게 자신의 경험을 전하고 싶은 의지가 이번 책 발간으로 현실이 되었습니다.

　성과관리 역사와 이론뿐만 아니라 성과지표 개발과 관리, 성과지표 개발 실습과 주요사업 성과보정을 저서에 포함했습니다. 저자가 자신 후배들인 공공기관 성과관리 실무자에게 꼭 필요한 내용이 무엇인지 깊게 고민한 결과라고 생각합니다.

　공공기관이 살아야 나라가 삽니다. 공공기관이 제 역할을 다해 줄 때 국민의 삶은 풍요롭고 안정적으로 됩니다. 공공기관의 경쟁력은 기관이 해야 할 본연의 역할과 책임을 다하는 것입니다. 측정되지 않으면 관리되지 않기 때문에 성과관리를 통해서 제대로 측정하고 역할을 다할 때 공공기관의 경쟁력은 올라갑니다.

　신수행 박사님의 이 책이 공공기관의 경쟁력 강화에 기여할 것으로 믿습니다. 무엇보다 현장의 성과관리 담당자들이 갈구해 왔던 현장의 고민을 해결하는 지침서가 되기를 기대합니다. 그리고 책을 완성하기가 얼마나 어려운 일인데, 그 일을 해내신 신수행 박사님의 열정과 도전에 박수를 보냅니다.

호기심과 경험과 노력으로 탄생한 필독서

숭실대 행정학부 교수 우윤석
(전 공기업 1&2, 준정부기관 경영평가 주요사업 팀장)

　　　　　　　　단순히 경영평가 등급 향상이 아니라 기관의 성과 관리 역량을 제고하고자 노심초사하던 8년 전 신임 평가부장 시절의 신 박사님이 지금도 기억난다. 체계적으로 접근하고 싶은데 전임자에게 전해 들은 것밖에 없다며, 경영평가에 관련된 것이라면 무엇이던 스펀지처럼 흡수하던 모습은 마치 배움에 목마른 학생과도 같았다. 이 책은 그 시절 노력들이 수년간의 경험과 학습을 더해 재탄생한 점에서 경영평가와 성과관리를 위해 고민하는 분들을 위한 필독서라고 할 수 있다.

　'측정은 과학이지만 성과는 예술'이라는 말이 있다. 더 나은 성과를 창출하려면 예술작품처럼 노력을 쏟아부어야 한다는 의미도 있고 보이지 않는 것을 보이는 것으로 만들어 내야 한다는 뜻도 있는데,

그런 점에서 성과지표는 화가의 붓이고 음악가의 악기이며 조각가의 정이라고 할 수 있다. 하지만 체계적인 학습과 훈련이 없다면 붓과 악기와 정만 가지고는 예술작품을 만들어 낼 수 없다. 이 책은 어떻게 성과지표를 개발하고 관리할 것인가에 대해 이론적인 지식과 함께 실무적인 방법론을 제시해 주는 점에서 학습과 훈련을 위한 지침서 역할을 충실히 수행할 것으로 확신한다. 기관의 경영평가 담당자는 물론 평가위원, 공공기관에 관심 있는 학생들에게도 일독이 아닌 이독, 삼독을 권한다.

성과지표 고도화에 진심인 사람이라면
꼭 읽어봐야 할 책

이화여대 신산업융합대학 교수 윤혜정
(준정부기관 경영관리 팀장, 전 행정안전부 산하기관 경영평가단장)

『공공기관 경영평가 성과지표 개발 워크북』은 단순한 이론서가 아니다. 성과지표의 개념과 설계 원칙, 국내외 사례, 보정 이론과 실습 문제까지 하나로 엮어낸, 실무 중심의 종합 안내서다. 지표개발 단계별 가이드는 물론, 실적 하락 상황에서의 합리적 대응 방안까지 포함되어 있어, 경영평가의 현실적인 어려움에 맞서는 이들에게 매우 실질적인 해법을 제공한다.

특히 '성과지표의 고도화'와 '도전적인 목표 설정이라는 과제'를 안고 치열하게 고민해 온 경영평가 담당자라면, 이 책이 실무와 전략을 연결해 주는 든든한 길잡이가 되어줄 것이다. 이전 저서인『공공기관 경영평가 워크북』이 평가 대응의 기본기를 다지는 데 큰 도움을 주었다면, 이번 워크북은 전략적 성과관리를 현장에 구현하는 데 필요한 실전 도구다.

  신 박사님과 공동 논문을 준비하던 중, 처음 접하는 통계분석 도구를 단 하루 만에 익히고, 이를 명확한 분석과 시각 자료로 풀어내는 모습을 보며 깊은 인상을 받았다. 복잡한 내용을 빠르게 파악하고 실용적인 형태로 전환해 내는 능력은 실로 탁월했다. 이 책은 바로 그런 역량이 집약된 결과물이자, 배움에 진심인 실무자의 손끝에서 완성된 결정판이라 할 수 있다.

  성과지표 설계를 막연하게 느껴왔던 실무자라면, 이 책을 통해 구조화된 접근방식과 현실적인 적용 방안을 분명하게 익힐 수 있을 것이다.

| 머리말 |

성과관리란 공공기관에서의 단순한 경영 용어에 그치는 것이 아닙니다. 조직 운영의 방향을 설정하고 전략을 실천으로 연결하는 핵심 도구입니다. 이는 조직의 성과를 체계적으로 평가하는 수단이자, 국민에게 더 나은 공공서비스를 제공하기 위한 책임성과 투명성의 기반이기도 합니다.

하지만 성과관리를 설계하고 실제로 운영하는 과정은 결코 녹록지 않습니다. 실무자들은 막연한 업무 목표를 수치로 구체화하는 데 어려움을 겪기도 하고, 예기치 못한 외부 변수로 인해 실적이 급격히 하락하는 상황에서는 무엇을 어떻게 대응해야 할지 몰라 막막함을 느끼게 됩니다. 단지 '평가를 잘 받기 위해' 지표를 맞추는 방식은 점점 한계를 드러내고 있습니다. 이제는 지표가 조직의 실질적 성과와 미래 전략을 담아낼 수 있어야 한다는 요구가 커지고 있습니다.

  저는 30여 년간 공공기관에 몸담으며, 특히 공기업에서 경영평가부장으로 근무하면서 주요사업의 성과지표를 설계하고 개선하는 업무를 맡은 적이 있습니다. 그때 반복적으로 마주했던 질문은 "이 지표가 진짜 의미 있는가?"였습니다. 현실과 동떨어진 지표, 과도하게 정량화된 목표, 단기 실적에 매몰된 평가방식은 조직의 방향성을 왜곡시키기도 했습니다. 특히 외부 환경변화로 인해 실적이 급격히 하락할 때, 이를 어떻게 정당하게 설명하고 보정할 수 있을지에 대한 해법을 찾는 일은 더욱 쉽지 않았습니다.

  그 같은 현실적인 고민 속에서 이 책은 출발했습니다. 성과지표는 단순한 숫자나 평가 수단이 아닙니다. 그것은 조직이 '무엇을 중요하게 여기고 있는가'를 드러내는 창이며, '우리는 어디로 가고 있는가'를 스스로 묻고 답할 수 있게 하는 나침반입니다. 잘 설계된 성과지표는 단순히 평가를 넘어서 조직의 전략을 실현하고, 구성원에게 동기를 부여하며, 궁극적으로는 국민을 위한 책임 있는 서비스로 이어집니다.

  이 책은 다음과 같은 특징을 가지고 있습니다.

  첫째, 성과지표의 개념과 설계 원칙을 명확하게 설명합니다. 성과지표는 단지 숫자를 만드는 기술이 아니라, 조직의 전략을 실천 가능하게 만드는 도구입니다. 실무자가 전략을 이해하고 이를 구체적인 실행지표로 연결할 수 있도록, 지표설계의 기본 원칙을 알기 쉽게 정리하였습니다.

둘째, 국내외 다양한 사례를 통해 실제 적용 가능한 지침을 제공합니다. 정부부처, 지방자치단체, 공공기관에서 활용되는 성과지표는 물론, OECD 등 국제기구의 통계지표와 평가기준도 함께 소개하였습니다. 이를 통해 독자가 보다 넓은 시각에서 성과지표를 바라보고, 자신이 속한 조직에 부합하는 지표를 설계할 수 있도록 도왔습니다.

셋째, 워크북 형식으로 구성하여 실습과 적용이 쉽습니다. 각 장마다 개념 설명과 함께 실제 사례를 절차적으로 배치하고, 바로 적용해 볼 수 있는 실습문제와 체크리스트를 수록하였습니다. 독자는 이 책을 이론서로만 읽는 것이 아니라, 곧바로 현장에서 **활용할 수 있는 실용서**로 접하게 될 것입니다.

넷째, 외부 영향으로 인한 성과의 보정방안을 제시합니다. 성과지표는 외부 환경의 영향을 받을 수밖에 없습니다. 이 책은 단순히 지표를 만들고 평가하는 데서 그치지 않고, 예기치 못한 상황에서도 합리적으로 실적을 보정할 수 있는 이론과 실제 사례를 함께 소개합니다. 특히 공공기관 경영평가에서 빈번히 발생하는 성과보정에 대한 현실적인 상황을 바탕으로 실질적인 해법을 제시하고자 했습니다.

이 책은 성과관리라는 익숙하지만 어려운 과제를 보다 쉽게 풀어내기 위한 안내서입니다. 이를 위해 실무자가 이해하기 쉽도록 최대한 직관적이고 쉬운 표현을 사용하였습니다.

1장과 2장에서는 공공부문 성과관리의 개념과 제도를 알기 쉽게 정리했고, 3장과 4장에서는 성과지표의 설계와 운영 방법을 구체적으로 다루었습니다. 5장에서는 실습과 사례 중심의 실천 편을, 6장에서는 외부 변수에 대비한 성과보정 이론과 사례를 통해 실무 적용력을 높였습니다. 공기업, 준정부기관, 지방공기업, 기타 공공기관 등 공공기관의 성과관리 실무자라면 꼭 한 번 읽어 보시길 권장합니다.

성과관리는 단순히 실적을 관리하는 기능을 넘어, 조직의 가치를 정립하고 방향을 설정해 미래 비전을 이루어 가는 여정입니다. 이 책이 성과지표라는 도구를 통해 공공기관 실무자 여러분이 더 큰 그림을 그리고, 현실적인 해결책을 찾는 데 도움 줄 수 있기를 바랍니다. 나아가 이 책이 국민에게 더 나은 공공서비스를 제공하기 위한 작지만 의미 있는 첫걸음이 되기를 진심으로 희망합니다.

2025년 봄
楚安 신수행

차례

추천의 글   4
머리말   14

1장 공공부문의 성과관리 이해

1. 성과관리 도입 배경   23
2. 성과관리 개념과 관리체계   26
3. 공공부문 성과관리 구성요소   32
4. 공공부문 성과관리 패러다임의 변화   34

2장 공공부문의 성과평가제도와 지표 현황

1. 정부업무평가제도   39
2. 공기업 및 준정부기관 평가제도   45
3. 지방공기업 평가제도   53
4. 기타공공기관 평가제도   62

3장 공공부문의 성과지표 개발

1. 성과지표 개념과 개발 원칙   71
2. 성과지표 개발 절차   85
3. 성과지표 사례   129

4장 공공부문의 성과지표 측정과 관리

1. 성과측정의 필수 요건 　　　　　　　　　　　　　　157
2. 성과지표의 측정 방식 　　　　　　　　　　　　　　160
3. 성과지표의 이력 관리 　　　　　　　　　　　　　　164
4. 성과측정의 왜곡 관리 　　　　　　　　　　　　　　168

5장 성과지표 개발 실습

1. 성과지표 단계별 개발 실습 　　　　　　　　　　　177
2. 성과지표 개발 연습문제 　　　　　　　　　　　　　199
3. 성과지표 개발 Q&A 　　　　　　　　　　　　　　　210

6장 공공부문의 주요사업 성과보정 이론과 사례

1. 공공부문 성과평가의 한계 　　　　　　　　　　　227
2. 계량지표 평가에 대한 공공기관의 어려움 　　　229
3. 보정의 적용 방법 　　　　　　　　　　　　　　　　232
4. 보정방법론과 사례 　　　　　　　　　　　　　　　235

부록

1. 국제통계지수 　　　　　　　　　　　　　　　　　　270
2. 대한민국 국정모니터링 지표 　　　　　　　　　　279
3. 국가승인통계 　　　　　　　　　　　　　　　　　　309

참고문헌 　　　　　　　　　　　　　　　　　　　　　327

PART 1

공공부문의 성과관리 이해

1.
성과관리 도입 배경

성과관리 개념은 원래 외국의 민간기업에서 시작되었다. 1980년대 이후 신공공관리New Public Management, NPM 패러다임이 확산되면서 정부 부문에서도 그 중요성이 부각되었다. NPM은 민간의 관리기법을 공공부문에 도입하여 효율성과 성과 중심의 운영을 강조하는 새로운 행정 방식이다. 이러한 흐름에 따라 OECD 국가들은 정부의 효율성을 높이기 위해 1990년대부터 공공부문에 성과관리 제도를 적극적으로 도입하기 시작했다.

공공부문에 성과관리가 도입된 배경에는 여러 사회적, 경제적 요인이 작용했다. 국민의 기대 수준이 높아짐에 따라 정부지출은 증가하는 반면, 이를 충당할 정부수입이 제한되다 보니 효율적인 자원 운용이 요구되었다. 또한 국가 간 경쟁과 기술 발전이 가속화되면서,

정부가 신속하게 문제를 해결하고 정책 효과성을 높이는 기능도 필요했다.

우리나라 역시 1990년대 중반까지는 예산집행의 적정성이나 절차의 준수를 중시하는 전통적인 행정관리 방식이 중심이었다. 그러나 1997년 외환위기를 계기로 국가경쟁력 강화와 정부 효율성 제고에 대한 요구가 커지면서, 성과 중심 행정으로의 전환이 필요하게 되었다. 이에 따라 우리 정부는 미국의 '정부성과 및 결과법GPRA'과 같은 외국의 성과관리 제도를 벤치마킹하여, 1999년부터 성과관리체계 도입을 위한 체계적인 준비를 시작했다. 이후 다음과 같은 방식으로 제도를 점차 확대해 나갔다.

- 1999년부터 정부업무평가, 재정사업평가, 정보화평가 등 결과 중심의 제도를 도입했고,
- 2003년에는 중앙행정기관 공무원에게 목표관리제를 적용했으며,
- 2004년에는 장·차관과 국장·과장 간 성과계약을 통해 성과목표를 설정하고, 평가 결과를 성과급과 인사에 반영하는 시스템을 구축했다.
- 2006년에 정부업무평가기본법이 제정되면서, 공공부문의 성과관리 체계가 통합되고 법적 기반이 마련되었다.

이처럼 우리나라의 성과관리는 외환위기 이후 효율성과 책임성을 강화하는 방향으로 발전해 왔으며, 현재도 제도적 기반 위에서 지속적으로 고도화되고 있다. 공공부문 평가제도의 발전 과정은 아래의

〈표 1〉과 같다.

〈표 1〉 정부업무평가제도 발전 과정

구분	도입	과도		재정비	발전	통합
담당 기관	국무총리 기획조정실	경제기획원	국무총리 행정조정실	국무총리 행정조정실	국무총리 국무조정실	국무총리 국무조정실
시기	1961. 9. ~ 1981. 10.	1981. 11. ~ 1990. 4.	1990. 5. ~ 1994. 12.	1995. 1. ~ 1998. 2.	1998. 3. ~ 2006. 3.	2006. 4. ~
내용	심사분석 제도 도입	경제기획원 이관	정책평가 기능 신설	심사분석과 정책평가 통합	기관평가 제도 도입	통합적 성과관리 체계 도입
근거	대통령령 (정부의 기획 및 심사분석에 관한 규정)	대통령령 (정부의 기획 및 심사분석에 관한 규정)	총리령 (정부 주요 정책 평가 및 조정에 관한 규정)	대통령령 (정부업무의 심사평가 및 조정에 관한 규정)	정부업무 등의 평가에 관한 기본법	정부업무 평가 기본법

출처: 정부업무평가백서(2017~2021)

2. 성과관리 개념과 관리체계

(1) 성과관리의 개념

성과Performance는 단순한 결과뿐 아니라, 결과를 만들기 위한 과정 전반을 포함하는 넓은 개념이다. 학자들은 성과를 다음과 같이 정의했다.

- 오틀리Otley(1999): "성과는 단순한 결과뿐 아니라 업무 수행과 관련된 것"
- 호프만Hoffmann(1999): "성과는 조직 목표 달성에 기여하는 것"
- 버먼Berman(2006): "자원을 효과적이고 효율적으로 활용하여 결과를 달성하는 것"

- 이윤식(2011): "주어진 계획 및 목표에 따른 조직과 구성원의 활동 결과로, 계획 대비 실적이나 효과"

조직은 불확실한 환경에서 미래 의사결정에 필요한 정보를 얻기 위해 목표를 세우고, 그 목표를 달성하기 위한 다양한 인과적 수단을 설계한다. 이러한 관계를 정기적으로 측정해 의미 있는 정보를 생산하고 분석하는 것이 성과관리의 핵심이다.

즉, 성과관리는 단순한 결과측정이 아니라, 조직의 목표를 효과적으로 달성할 수 있도록 활동을 체계적으로 관리하고, 의사결정에 필요한 의미 있는 정보를 제공하는 과정이다. 특히 공공부문에서는 정책과 조직의 성과를 명확히 측정하고 자원을 효율적으로 배분함으로써, 공공서비스의 질을 높이는 필수적인 역할을 한다.

따라서 공공부문의 성공적인 운영을 위해서는 체계적인 성과관리 제도를 갖추는 것이 무엇보다 중요한 과제라 할 수 있다.

(2) 공공부문의 성과관리와 업무평가

정부는 국정운영의 효율성과 책임성을 높이기 위해 2006년 정부업무평가기본법을 제정하고, 이를 바탕으로 공공부문 전반에 걸쳐 통합적인 성과관리체계를 운영하고 있다. 이 법은 중앙행정기관과 지방자치단체, 그 소속기관, 공공기관 등 다양한 주체를 평가 대상으로 규정하고 있다.

여기서 공공기관은 다음과 같은 기관과 법인 또는 단체를 포함한다(법 제2조 7항).

- 공기업 및 준정부기관(공공기관의 운영에 관한 법률)
- 지방공기업(지방공사 및 지방공단)
- 정부출연 연구기관(경제·인문사회, 과학기술분야)
- 지방자치단체출연 연구원
- 그 밖에 대통령령이 정하는 기관, 법인 또는 단체

동 법 제2조 제6항에서는 "성과관리란 기관 임무와 중장기 목표, 연도별 성과목표와 지표를 수립하고, 집행과 결과를 경제성, 효율성, 효과성 관점에서 관리하는 활동"으로 정의한다. 또한, 공공부분 성과관리 원칙으로 다음 세 가지를 제시하고 있다(동 법 제7조).

- 자율성과 독립성 보장
- 객관적이고 전문적인 평가를 통한 신뢰성과 공정성 확보
- 관련자의 참여 보장과 평가 결과의 투명한 공개

공공부문의 성과관리는 다음과 같은 세 가지 영역에서 업무평가가 시행된다.

- 중앙행정기관 업무평가: 국무총리 주관의 특정평가, 부처 간 협의를 통한 개별평가, 각 기관이 자체적으로 진행하는 자체평가로 구분되어 시행된다.
- 지방자치단체 업무평가: 행정안전부장관과 관계부처가 함께 시행하는 합동평가, 개별 부처주관의 개별평가, 지방자치단체장이 자체적으로 시행하는 자체평가로 나뉜다.
- 공공기관 업무평가: 공공기관운영법 등 관련 법령에 따라 기획재정부와 평가주관 부처가 경영성과를 평가하며, 지방공기업은 행정안전부가 평가한다.

〈표 2〉 공공부문 업무평가 체계도

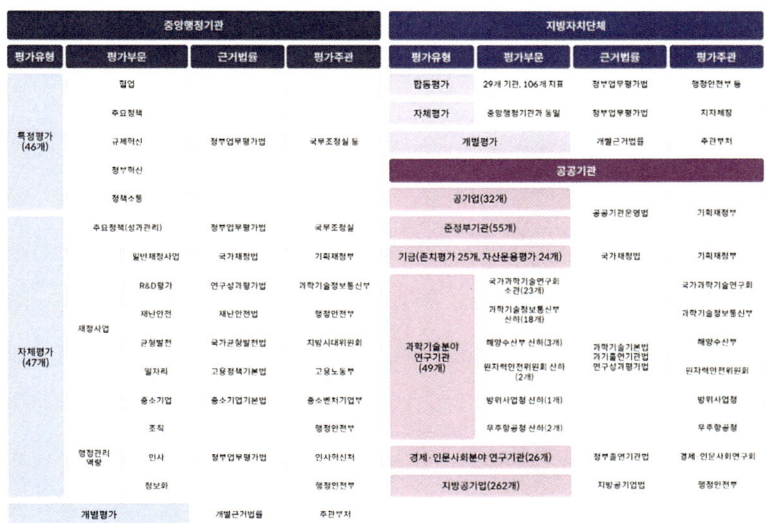

출처: 정부업무평가포털(https://www.evaluation.go.kr)

(3) 공공부문 성과관리 체계

정부는 정부업무평가기본법에 근거하여 공공부문의 성과관리체계를 통합적으로 운영하고 있다. 국무총리가 성과관리 정책의 목표와 방향을 설정하고, '정부업무평가기본계획'과 연도별 '시행계획'을 수립하여 각 기관에 통보한다. 이 과정에서 국무총리 산하 정부업무평가위원회가 설치되어 효율적 평가 운영이 진행되도록 지원한다.

중앙행정기관은 체계적인 성과관리를 위해 다음과 같은 계획을 수립한다.

- 성과관리전략계획(5년 단위): 기관의 임무, 비전, 전략목표, 중장기 성과목표 제시
- 성과관리시행계획(연 단위): 당해 연도 성과목표, 성과지표를 포함한 세부 정책
- 자체평가계획(연 단위): 실적 평가 및 피드백 계획

정부업무평가위원회는 각 기관에서 수립한 계획들이 국정과제, 부처 업무계획 등 정부 핵심정책과 적절하게 연계될 수 있도록 검토하고 조정한다.

정부 성과관리 체계는 다음 네 단계로 구성된다.

- 계획: 기관의 임무와 목표를 정하고, 이를 달성하기 위한 구체적

실행안을 포함한 성과관리 계획과 지표를 수립한다.
- 집행: 계획에 따라 정책을 추진하고, 진행 상황과 실적을 주기적으로 점검하여 발생할 수 있는 장애요인을 사전에 관리한다.
- 평가: 각 기관이 연말 실적을 기준으로 다음 해 초에 자체평가로 실시한다.
- 환류: 평가 결과를 정책 수정과 보완, 예산 편성, 인사 및 성과급 지급 등 다양한 분야에 활용하여 성과관리체계를 발전시킨다.

공공기관 역시 공공기관운영법에 따른 성과관리체계를 운영한다. 동법 46조에 근거하여 5회계연도 이상의 중장기경영목표를 설정하고, 동법 48조에 따라 연도별 경영 실적에 대해 정부로부터 경영평가를 받는다. 평가 결과는 성과급 지급과 다음 연도 경영계획 수립에 환류된다. 이를 통해 공공기관이 지속적으로 경영성과를 개선할 수 있도록 유도한다.

〈그림 1〉 정부업무 성과관리·자체평가 세부 운영체계

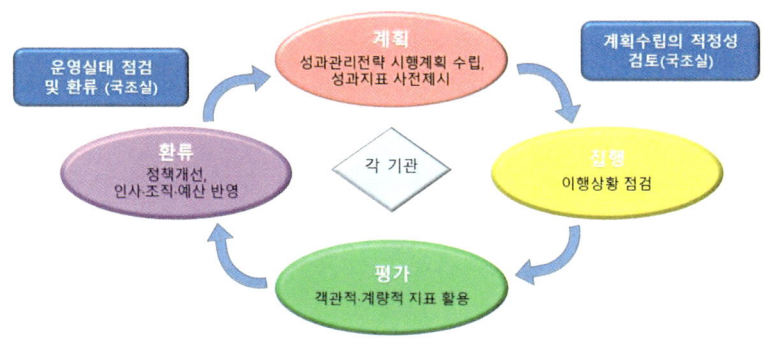

출처: 2024년 정부업무 성과관리지침

3.
공공부문 성과관리 구성요소

정부는 공공부문에 성과관리 제도를 도입하면서, 새로운 개념이 적용되는 과정에서 생길 수 있는 혼란을 줄이기 위해 노력했다. 특히 국무조정실은 성과지표 개발·관리 매뉴얼을 제작하여, 각 부처가 성과관리 제도 도입에 활용하도록 했다.

이 매뉴얼은 공공부문 성과관리의 핵심 구성요소로 임무Mission, 비전Vision, 전략목표Strategic Goals, 성과목표Performance Goals, 성과지표Performance Indicators를 제시하고 있다. 구성요소들은 서로 유기적으로 연결되어 있으며, 상위단계는 추상적이고 아래로 갈수록 구체적이다.

즉, '임무 → 비전 → 전략목표 → 성과목표 → 성과지표' 순으로 구체성과 객관성이 강화된다. 예를 들어 전략목표가 일반적인 표현이나 추상적인 경우, 이후 단계인 성과목표와 성과지표의 명확성도 떨어지게 된다. 따라서 효과적인 성과관리체계를 구축하기 위해서는 전략목표와 성과목표를 구체적이고 명확하게 설정하는 것이 중요하다.

성과관리 구성요소 간의 관계는 아래의 〈그림 2〉와 같은 구조로 설명된다.

〈그림 2〉 성과관리의 구성요소

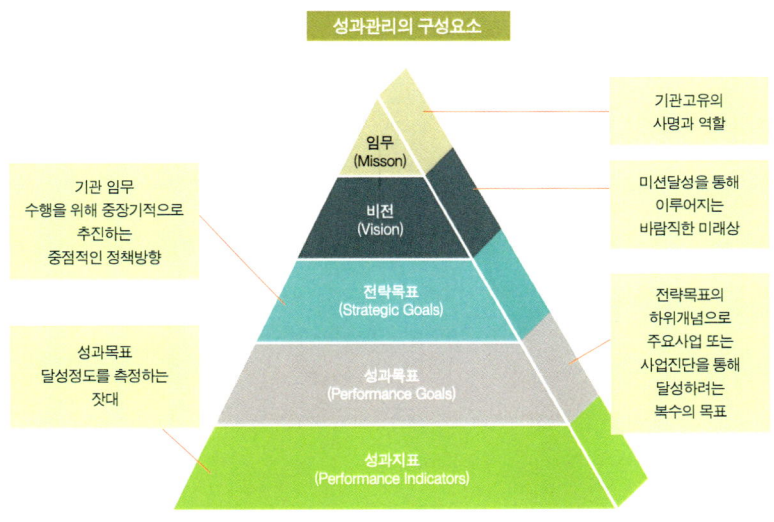

출처: 성과지표 개발·관리 매뉴얼

4.
공공부문 성과관리 패러다임의 변화

 공공부문의 성과관리는 시대와 환경에 따라 변화하면서 발전해 왔다. 일반적으로 전통적행정학, 신공공관리론, 공공가치관리론 등 세 가지 패러다임으로 구분된다(Kelly & Muers, 2002; Benington, 2011; 신희영, 2008; 주은혜, 2016; 박순애, 2017).

- 전통적행정학Traditional Public Administration
 이 패러다임은 공공부문에서도 행정의 효율성을 강조하며, 과학적 관리기법을 도입하였다. 대표적으로 귤릭(Luther H. Gulick)의 POSDCoRB(기획, 조직, 인사, 지시, 조정, 보고, 예산관리)를 바탕으로 행정 활동을 체계화하였다. 이 시기의 성과관리는 주로 투입과 과정에 집중되었으며, 단기적인 재정성과에 초점을 두는 경향이 있었다.

- 신공공관리론 New Public Management, NPM

    1980년대 이후 신자유주의 이념의 확산과 함께 등장한 이 이론은 정부 조직에도 민간기업처럼 경쟁과 효율을 도입해야 한다고 주장한다. 정부 기능을 축소하고 민간 부문의 시장 경쟁적 경영방식을 도입하였으며, 결과 중심의 성과평가와 책임 경영을 강조하였다. 미국의 GPRA(정부성과 및 결과법), 영국의 PSA(공공서비스협약제도) 등이 대표적이다.

- 공공가치관리론 Public Value Management, PVM

    신공공관리론의 한계를 보완하기 위해 등장한 개념으로, 공공의 이익과 사회적 가치 창출을 핵심 목표로 한다. 이 패러다임은 단순한 효율성보다 시민 참여와 공동체 가치를 중시하며, 정부와 공공기관이 '무엇을 위해 존재하는가?'라는 근본적 질문에 다시 집중한다. 주요 원칙에는 공공가치에 대한 명확한 비전 제시, 정당성과 시민의 지지 확보, 목적 달성을 위한 조직역량 강화 등이 포함된다.

〈표 3〉 공공부문의 성과관리 패러다임 변화

구분	전통적행정학	신공공관리론	공공가치관리론
맥락	안정적 (관료제와 법치주의 기반)	경쟁적 (시장원리와 민간 경영기법)	변동적 (시민참여, 공공서비스 개선)
전략	국가중심, 공급자 주도	시장중심, 고객지향	시민중심, 시민사회와의 협력
목표	안정적 공공서비스 제공	효율성 증대, 비용 절감	공공가치 창출
방식	계층적 구조, 명령체계	분권화, 자율적운영	협력 거버넌스, 시민 참여 확대
책임성	정치, 관료적 책임	경영성과 중심의 시장 책임	시민에 대한 다면적 책임
관리 기법	POSDCoRB (과학적관리법)	성과관리, BSC(균형성과표)	공공가치 지표 (Public Value Scorecard)

출처: Kelly & Muers(2002), Benington(2011) 기반 저자 재구성

PART 2

**공공부문의
성과평가제도와
지표 현황**

1. 정부업무평가제도

(1) 정부업무평가의 목적

정부업무평가는 정부업무평가기본법에 근거하며, 중앙행정기관, 지방자치단체, 공공기관 등 공공부문 전반의 성과를 체계적으로 관리하고 평가하기 위한 제도다. 이 제도는 각 기관이 자율적으로 평가 역량을 키울 수 있도록 지원하며, 궁극적으로 국정운영의 효율성, 효과성, 책임성을 높이고자 한다.

(2) 정부업무평가 대상

정부업무평가는 중앙행정기관과 그 소속기관, 대통령 또는 국무총리 소속기관, 지방자치단체, 공공기관을 대상으로 한다. 단, 공공기관의 경우에는 기관의 특수성과 전문성을 고려해 외부 기관이 실시하도록 규정하고 있으며, 개별 법령에 따라 시행된 평가도 정부업무평가로 인정된다.

(3) 중앙행정기관 평가

중앙행정기관 평가는 특정평가, 개별평가, 자체평가 방식으로 진행된다.

① 특정평가

국무총리는 2개 이상의 중앙행정기관이 관련된 시책이나 주요 현안, 혁신관리 분야 등을 중심으로 평가를 시행하며, 그 결과는 대외에 공개된다. 2024년 기준, 장관급 24개, 차관급 22개 등 총 46개 기관이 평가 대상이며, 협업, 주요정책, 규제혁신, 정부혁신, 정책소통 등 5개 부문에서 평가가 이루어진다. 평가는 정부업무평가시행계획에 따라 진행되며, 최종 결과는 정부업무평가위원회의 심의와 의결을 거쳐 확정되고, 각 기관의 자체평가에 활용된다.

〈표 4〉 특정평가 평가 부문

협업	주요정책	규제혁신	정부혁신	정책소통
협업노력도 (40%) 협업 성과(50%) 국민만족도 (10%)	이행노력(15%) 목표달성도 (30%) 정책효과(45%) 국민만족도 (10%)	규제개선(55%) 품질관리(25%) 소통 및 체감도 (20%)	혁신역량(15%) 혁신성과(65%) 과제성과(10%) 국민체감도 (10%)	정책소통활동 (15%) 정책소통성과 (70%) 소통만족도 (10%) 온라인확산도 (5%)

출처: 정부업무평가포털(https://www.evaluation.go.kr)

② 개별평가

중앙행정기관이 다른 기관이나 소속기관의 정책과 사업을 평가해야 할 경우, 정부업무평가위원회와 협의하여 개별평가를 실시할 수 있다. 평가 결과는 정책개선, 성과공유, 컨설팅 지원 등 후속 조치로 이어진다.

③ 자체평가

중앙행정기관의 장은 소속기관의 정책과 사업을 대상으로 내부적인 평가를 시행하며, 그 결과는 정책, 조직, 예산, 인사 등에 반영된다. 자체평가는 민간 전문가로 구성된 자체평가위원회가 실시하며, 주요정책, 재정사업, 행정관리 역량 등을 평가한다. 상대평가 방식(등급제)이며, 정부업무평가포털을 통해 결과가 공개된다.

주요 평가 항목은 다음과 같다.

〈표 5〉 중앙행정기관 자체평가 항목

부 문		평가 대상	총괄기관
주요정책		성과관리 시행계획의 관리과제	국무조정실
재정사업	일반재정	예산, 기금이 투입되는 성과관리대상 재정사업	기획재정부
	R&D	정부연구개발 사업 중 3년 평가주기 도래사업	과학기술정보통신부
	재난안전	재난안전사업	행정안전부
	균형발전	균형발전세부사업	국가균형발전위원회
	일자리	재정지원 일자리사업	고용노동부
	중소기업	중소기업지원사업	중소벤처기업부
행정관리 역량		조직·인사·정보화 분야 행정관리역량	행정안전부, 인사혁신처

출처: 정부업무평가포털(https://www.evaluation.go.kr)

(4) 지방자치단체 평가

지방자치단체 평가는 지역주민 삶의 질 향상과 복지 증진을 목적으로 하며, 국가사무와 위임사무 등의 성과를 평가하여 지방정부 책임성을 확보하고자 한다. 평가는 중앙행정기관의 합동평가 및 개별평가, 자체적으로 실시하는 자체평가로 구분된다.

① 중앙행정기관에 의한 합동평가

합동평가는 중앙행정기관이 17개 시·도를 대상으로 국정 주요 시책의 추진성과를 평가하는 방식이다. 지방자치단체합동평가위원회 산하의 합동평가단이 평가를 주관하며, 평가는 3년 주기로 진행된다.

2024년 기준 총 106개 성과지표로 평가가 이루어지고 있으며, 이 중 87개는 정량지표(82.1%), 19개는 정성지표(17.9%)이다.

합동평가의 절차는 다음과 같다.

〈표 6〉 합동평가 절차

평가지표 개발	평가 실시	후속조치
지표개발계획 수립 중앙부처 지표 제출 의견수렴 및 심의 합평위·정평위 심의·확정	평가실시(합동평가단) 합평위·정평위 보고 평가결과 공개	부진 분야 행정컨설팅 우수사례 및 결과보고서 발간 재정 인센티브 지급 기관 표창 및 유공자 포상

출처: 정부업무평가포털(https://www.evaluation.go.kr)

② 중앙행정기관에 의한 개별평가

원칙적으로 합동평가와 통합하여 시행하지만, 사업의 특성이 다르거나 평가 시기가 맞지 않으면 개별적으로 평가가 진행된다. 평가대상은 국가사무, 국고보조사업, 주요 시책 등이며, 평가의 결과는 정책개선과 성과공유, 컨설팅 지원 등에 활용된다.

③ 지방자치단체의 자체평가

지방자치단체장은 매년 자체적으로 평가계획을 수립하고 민간 전문가가 참여하는 자체평가위원회를 구성해 평가를 진행한다. 민간위원 비율을 2/3 이상으로 구성하여 공정성을 높이고, 행정안전부가 컨설팅과 매뉴얼을 통해 평가의 질이 높아지도록 지원한다.

2. 공기업 및 준정부기관 평가제도

(1) 공기업 및 준정부기관 평가의 목적

공기업과 준정부기관의 경영평가는 자율적이면서도 책임 있는 경영체계를 정착시키기 위해 매년 시행되는 제도다. 각 기관이 한 해 동안 수행한 경영활동과 그 성과를 공정하고 객관적으로 평가한다. 이 제도는 공공기관이 국민을 위한 서비스를 더 잘 제공하도록 돕는 것이 궁극적인 목적이다. 구체적으로는 공공성을 강화하고 운영효율성을 높이며, 필요한 경영개선 사항에 대해서는 전문가 컨설팅도 제공된다.

공공기관운영법 제48조에는 경영평가의 기준과 방법에 대해 공공기관운영위원회의 심의를 거쳐 기획재정부장관이 정하도록 명시되어 있다. 주요 평가 항목은 다음과 같다.

- 경영목표의 합리성 및 달성 정도
- 주요사업의 공익성 및 효율성
- 직원의 고용 형태 등 조직·인력 운영의 적정성
- 제39조 2의 중장기재무관리계획의 이행 등 재무운용의 건전성 및 예산 절감노력
- 제13조 2항에 따른 고객만족도 조사 결과
- 합리적인 성과급지급제도 운영
- 그 밖에 공기업·준정부기관의 경영에 관련된 사항

기획재정부장관은 효과적인 평가를 위해 공공기관 경영평가단을 운영할 수 있으며, 매년 6월 20일까지 평가를 마무리하고 국회와 대통령에게 보고해야 한다.

(2) 평가유형 및 대상 기관

공기업과 준정부기관의 경영평가는 공공기관운영법 제4조부터 제6조에 따라 기관의 산업, 기능, 규모를 기준으로 유형을 나누어 실시한다. 2022년 공공기관 관리체계가 개편되면서 지정 기준이 정원 300명, 수입 200억 원, 자산 30억 원으로 조정되었다. 2025년 기준

으로 평가 대상 공공기관의 수는 총 87개 기관이다.

　기관 유형은 크게 공기업과 준정부기관으로 나뉘며, 공기업은 주요업무에 따라 SOC, 에너지, 산업진흥·서비스로 세분된다. 준정부기관은 기금관리형과 위탁집행형으로 나뉘고, 다시 주요업무 성격에 따라 SOC·안전, 산업진흥, 국민복리증진 등으로 구분된다.

〈표 7〉 공공기관 평가유형 구분 기준

유형			유형구분 기준(법률 제4조 내지 제6조에 따라 지정된 기관)
공기업	SOC		SOC에 대한 계획과 건설, 관리 등을 주요업무로 하는 공기업
	에너지		에너지의 생산공급 및 자원개발 등을 주요업무로 하는 공기업
	산업진흥 및 서비스		특정 분야 산업진흥 및 대국민 공공서비스 제공을 주요업무로 하는 공기업
준정부기관	기금관리형		기금을 관리하거나 기금의 관리를 위탁받은 기관으로서 국가재정법에 따라 기금운용평가를 수행하는 준정부기관
	위탁집행형	SOC 및 안전	SOC 및 안전 관련 업무를 주요업무로 하는 준정부기관
		산업진흥	특정 산업진흥을 주요업무로 하는 준정부기관
		국민복리증진	국민복리증진을 위한 대국민 공공서비스 제공을 주요업무로 하는 준정부기관

출처: 2025년도 공공기관 경영평가 편람

(3) 성과지표 체계 및 내용

경영평가는 기관의 경영실적을 체계적이고 종합적으로 평가하기 위해 크게 두 가지 범주, 즉 경영관리와 주요사업으로 구성된다. 각 범주는 단위 평가지표로 나뉘고, 그 아래 여러 개의 세부 평가지표가 포함된다. 이 지표들은 평가목적과 대상 범위를 규정한 지표정의와 구체적인 세부평가내용으로 구성된다.

기획재정부장관은 매 회계연도 시작 전에 평가기준과 방법을 정한 경영평가 편람을 확정해서 기관에 배포한다. 이 편람은 각 기관의 특성과 규모를 고려해 지표구성과 가중치를 다르게 설정한다.

세부적인 공공기관 유형별 지표구성은 〈표 8〉과 같이, 경영관리 항목은 기업성과 공공성을 모두 반영하도록 구성되어 있다. 예를 들어, 지배구조 및 리더십, 재무성과 관리, 조직 운영 및 관리는 기업성을, 안전 및 책임경영은 공공성을 반영한다. 혁신 노력과 성과는 두 특성을 모두 포괄한다. 주요사업 부문은 기업성과 중심이며, 과정은 비계량지표, 성과는 계량지표로 평가한다.

이처럼 공공기관 경영평가는 기관의 성격에 맞춰 공공성과 기업성을 균형 있게 반영하고, 각 지표의 특성에 따라 과정과 결과를 체계적으로 평가하도록 설계되어 있다.

〈표 8〉 공기업·준정부기관 평가지표 구성 및 가중치

범주	평가지표	공기업			준정부기관		
		계	비계량	계량	계	비계량	계량
경영관리 (55)	1. 지배구조 및 리더십	9	7	2	9	7	2
	- 리더십 및 전략기획	5	5	-	5	5	
	- 윤리경영	2.5	1.5	1	2.5	1.5	1
	- 국민소통	1.5	0.5	1	1.5	0.5	1
	2. 안전 및 책임경영	14	8.5	5.5	11	5.5	5.5
	- 일자리 및 균등한 기회	5	3	2	3	1	2
	- 안전 및 재난관리	2.5 [2, 2]	1.5 [1, 1]	1 [1, 1]	2	1	1
	- 친환경·탄소중립	1.5 [2, 1.5]	1 [1.5, 1]	0.5 [0.5, 0.5]	1.5	1	0.5
	- 창업 및 경제활성화	1.5	1.5	-	1.5	1.5	
	- 상생·협력 및 지역발전	3.5 [3.5, 4]	1.5 [1.5, 2]	2 [2, 2]	3	1	2
	3. 재무성과관리	21	4	17	14 [19]	3 [4]	11 [15]
	- 재무예산관리 (중장기재무관리계획) (재정건전화계획)	4 (1) (1)	4 (1) (1)		3[4] (1) -	3[4] (1) -	
	- 재무예산성과 (재정건전화계획) (기금운영성과) (일반관리비 관리)	11 (3) (3)		11 (3) (3)	7[11] [6] (3)		7[11] [6] (3)
	- 효율성 관리	6		6	4		4
	4. 조직 운영 및 관리	11	8	3	11	8	3
	- 조직 및 인적자원관리	2.5	2.5	-	2.5	2.5	-
	- 노사관계	2	2		2	2	-

범주	평가지표	공기업			준정부기관		
		계	비계량	계량	계	비계량	계량
경영관리 (55)	- 보수 및 복리후생	3.5	3.5	-	3.5	3.5	-
	- 총인건비관리	3	-	3	3	-	3
	소 계	55	27.5	27.5	45 [50]	23.5 [24.5]	21.5 [25.5]
주요사업 (45)	계획·활동·성과를 종합평가	45	21	24	55 [50]	24 [24]	31 [26]
	소 계	45	21	24	55 [50]	24 [24]	31 [26]
합 계		100	48.5	51.5	100 [100]	47.5 [48.5]	52.5 [51.5]
공공기관 혁신 노력과 성과 가점		5	5	-	5	5	

* 공기업 SOC기준, 하단에 [에너지, 산업진흥서비스] 표시,
준정부기관은 위탁집행형 기준, [기금관리형] 표시

(4) 평가 결과의 활용

① 평가등급 결정

경영평가에서는 지표별 평가점수에 가중치를 곱해 점수를 계산한 뒤, 비계량지표와 계량지표 점수를 합산해 종합 점수를 산출한다. 특정 지표가 적용되지 않는 기관은 그 외 지표 점수를 기준으로 100점 만점으로 환산한다.

평가결과는 S, A, B, C, D, E의 6등급으로 나뉘며, 등급은 전체 기관 간의 상대적인 성과 차이를 평가하는 비교평가와 기관의 과거 실적을 바탕으로 금년도의 성과 향상도에 따라 정해지는 개별평가로 구분된다. 기관의 최종 평가등급은 공공기관운영위원회의 심의와 의결을 거쳐 확정된다.

〈표 9〉 공기업·준정부기관 경영평가 등급

등급	수준정의
탁월 (S)	모든 경영 영역에서 체계적인 경영시스템을 갖추고 효과적인 경영활동이 이루어지고 있으며, 매우 높은 성과를 달성하고 있는 수준
우수 (A)	대부분의 경영 영역에서 체계적인 경영시스템을 갖추고 효과적인 경영활동이 이루어지고 있으며, 높은 성과를 달성하고 있는 수준
양호 (B)	대부분의 경영 영역에서 양호한 경영시스템을 갖추고 있고 양호한 성과를 달성하고 있는 수준
보통 (C)	대부분의 경영 영역에서 일반적인 경영시스템을 갖추고 있고 일반적인 경영활동이 이루어지고 있는 수준
미흡 (D)	일부 경영 영역에서 일반적인 경영시스템을 갖추고 있지만 성과는 다소 부족한 수준
아주 미흡 (E)	대부분의 경영 영역에서 경영시스템이 체계적이지 못하고 경영활동이 효과적으로 이루어지지 않으며 개선 지향적 체계로의 변화 시도가 필요한 수준

출처: 2025년도 공공기관 경영평가 편람

② 성과급 지급

성과급은 경영관리와 주요사업 범주, 그리고 가점지표를 합산한

종합평가 결과를 기준으로 차등 지급된다. 등급에 따라 지급률이 달라지며, 당기순손실 등 재무위험이 큰 기관은 지급률이 조정될 수 있다. 보통(C) 등급 이상을 받는 기관을 대상으로 성과급이 지급된다.

〈표 10〉 공기업·준정부기관 경영평가 성과급 지급율(단위: %)

구분	기관장 (기본연봉 대비)					상임이사·감사 (기본연봉 대비)					직원 (월 기본급, 기준월봉 대비)				
	S	A	B	C	D,E	S	A	B	C	D,E	S	A	B	C	D,E
공기업			100~0					80~0					250~0		
준정부기관			60~0										100~0		

출처: 2023년도 경영평가 결과발표 보도자료

③ 우수 및 부진기관의 후속조치

경영평가 우수기관은 기획재정부장관 표창을 받을 수 있고, 2년 연속 우수등급(A 이상)을 받은 기관은 다음 해 동일 지표의 평가가 면제된다. 반면 실적이 부진한 기관은 경영개선계획을 제출해야 하며, 이행 여부는 다음 해 평가에서 확인된다. 성과가 계속해서 부진하면 기관장에 대한 해임 권고도 가능하다. 사회적 책무를 위반한 경우는 평가등급이나 성과급 지급률이 추가로 조정될 수 있다.

3. 지방공기업 평가제도

(1) 지방공기업 평가의 목적

지방공기업 경영평가는 지방공기업법 제78조에 따라 시행된다. 행정안전부장관이 평가를 주관하며, 일부 평가는 지방자치단체장에게 위임할 수 있다. 주요 평가항목에는 경영목표 달성도, 업무 효율성, 공익성, 고객서비스 수준 등이 포함된다.

지방공기업 경영평가의 목적은 다음과 같다.

- 공공성과 수익성의 균형발전(손지은 등, 2021)
  지방공기업이 공공적 역할을 하면서도 효율적이고 안정적인 경영성과를 낼 수 있도록 유도한다. 이를 통해 공공성과 수익성을 균형 있게 발전시키고자 한다.

- 경영개선과 혁신 촉진(정재진, 2010)
  각 기관의 성과를 객관적으로 측정하고 평가해, 경영개선 기회를 제공한다. 평가 결과를 바탕으로 총체적인 경영개선과 혁신을 유도한다.

- 책임성과 투명성 제고(손지은 등, 2021)
  평가 결과와 객관적인 정보를 공개함으로써 지방공기업 운영의 투명성과 책임성을 높인다. 이를 통해 지방자치단체와 주민, 정부 간 신뢰를 강화한다.

이러한 세 가지 목적의 지방공기업 경영평가제도는 궁극적으로 지역발전을 뒷받침하고, 주민에게 더 나은 공공서비스를 제공하는 데 기여하고 있다.

지방공기업 평가 절차는 매년 12월부터 이듬해 7월까지 진행된다. 전년 12월에 평가편람이 확정되며, 1월에는 평가계획이 수립되어 통보된다. 4~6월에는 서류검토와 현장평가가 이루어지며, 기관은 이의신청을 제기할 수 있다. 최종 결과는 7~8월, 지방공기업정책위원회의 심의를 거쳐 발표된다.

〈표 11〉 지방공기업 경영평가 및 경영진단 일정

구분	추진내용	일정
경영평가	차 년도 평가편람 확정 및 계획 심의	전년 12월
	평가 실시계획 수립·통보	1월
	평가단 구성(행정안전부, 도)	1~2월
	평가위원 교육 및 실적보고서 제출	2~3월
	평가 및 결과보고서 작성	4~6월
	이의신청 검토, 평가 결과 심의·의결	6~7월
	평가 결과발표	7~8월
경영진단	진단 대상 기관 선정	7~8월
	진단반 구성 및 진단	9~10월
	경영개선 명령 심의 및 시달	11월

출처: 지방공기업평가원

(2) 평가유형 및 대상 기관

지방공기업 경영평가는 조직형태, 주요사업, 행정계층 등 세 가지 기준에 따라 유형이 분류된다.

- 조직형태
  - 공사·공단: 지방자치단체가 별도의 법인을 설립해 운영하는 형태
  - 직영기업: 지방자치단체가 직접 운영하는 형태

- 주요사업
    - 공사·공단: 도시철도공사, 도시개발공사, 특정공사·공단, 시설관리공사·공단, 관광공사, 환경시설관리공사·공단 등 6개 유형
    - 직영기업: 상수도, 하수도 2개 유형

- 행정계층
    - 광역 지방공기업: 특별시, 광역시, 도(道)에서 운영
    - 기초 지방공기업: 시, 군, 구에서 운영

여러 유형에 동시 해당하는 때에는, 예산이나 인력 비중이 40~50% 이상인 주된 사업을 기준으로 구분하거나, 기관 사업 특성에 맞는 지표를 별도로 개발해 적용한다.

2024년 기준 평가대상은 총 262개 기관이다(광역 55개와 기초 207개, 공사·공단 158개와 직영기업 104개). 이 중 행정안전부가 직접 평가하는 기관이 167개이다.

지방공기업 평가유형 및 분류기준은 〈표 12〉와 같다.

〈표 12〉 지방공기업 평가유형 및 분류기준

유형	분류기준	조직형태	주요사업	행정주체
공사 및 공단	도시철도공사	공사	궤도사업	광역
	도시개발공사	공사	주택건설, 토지개발	광역
	특정공사·공단	공사·공단	농수산물, 에너지 등 기타 사업	광역, 기초
	관광공사	공사	관광진흥, 컨벤션센터 운영	광역
	시설관리공사·공단	공사·공단	주차장, 체육시설 등 관리·운영	광역, 기초
	환경시설관리공사·공단	공사·공단	하수처리 시설 관리	광역, 기초
직영 기업	상수도	직영기업	상수도, 공업용수도 사업	광역, 기초
	하수도	직영기업	하수도 시설 운영	광역, 기초

출처: 2025년도 지방공기업 경영평가 편람 기준 저자 재구성

(3) 성과지표 체계 및 내용

지방공기업의 성과지표 체계는 종합적인 경영평가를 위해 경영관리와 경영성과 등 2개의 대분류 지표로 나뉜다. 경영관리 지표는 리더십·전략, 경영시스템, 사회적 책임 등 시스템경영을 위한 전반적

인 경영관리체계 구축 노력을 평가하며, 경영성과 지표는 주요사업성과, 경영효율성과, 고객만족성과 및 권장정책성과 등 구체적인 사업의 성과를 평가함으로써 종합적으로 기관의 성과를 평가하도록 구성되었다.

또한 평가는 '정성지표'와 '정량지표'로 구분하여 평가한다.

정성지표는 절대평가 방식(우수, 양호, 보통, 미흡, 매우미흡)으로 평가되며, 전체 배점의 약 46~47점을 차지한다. 정량지표는 과거 실적과 추세 등을 고려하여 기준목표에 대한 달성도로 평가되며, 약 52~53점을 차지한다. 구체적인 평가방식은 지표 특성에 따라 목표대 실적, 목표부여(A, B, 편차), 단계별 평가 등 다섯 가지 평가 방법 중에서 지표 성격에 부합하는 하나를 선택하여 평가한다.

이와 같은 지방공기업의 성과평가 체계는 공정하고 객관적인 평가를 가능하게 하며, 기관의 특성을 반영한 맞춤형 평가를 지원한다.

성과지표의 세부 구성과 배점은 〈표 13〉과 같다.

〈표 13〉 2024년도 지방공기업 평가지표 구성 및 배점

대분류	중분류	세부지표	배점(점)						
			도시철도	도시개발	광역특정	기초특정	관광공사	시설공사·공단	환경공단
경영관리	리더십·전략	경영층의 리더십	5	5	5	5	5	5	5
		전략 및 혁신	7	7	7	7	7	7	7
	경영시스템	조직·인사관리	5	5	5	5	5	5	5
		윤리경영	4	4	4	4	4	4	4
		재무관리	10	10	10	10	10	10	10
	사회적 책임	지역상생·협력	5	5	5	5	5	5	5
		안전 및 환경	10	10	10	10	10	10	10
		소통 및 참여	4	4	4	4	4	4	4
	경영관리 합계		50	50	50	50	50	50	50
경영성과	주요사업성과	주요사업	14	14	19	17	17	19	22
	경영효율성과	경영수지 관련지표	18	18	13	15	15	13	10
	고객만족성과	고객만족도	8	8	8	8	8	8	8
	권장정책성과	권장정책 목표달성도	10	10	10	10	10	10	10
	경영성과 합계		50	50	50	50	50	50	50
총 합 계			100	100	100	100	100	100	100
정성지표			46.3	47.3	47.3	46.3	46.3	46.3	46.3
정량지표			53.7	52.7	52.7	53.7	53.7	53.7	53.7

출처: 2025년도 지방공기업 경영평가 편람

(4) 평가 결과의 활용

① 평가등급 결정

지방공기업정책위원회의 심의를 거쳐 행정안전부장관이 최종 평가등급을 결정한다. 기초 상·하수도는 도(道)에서 먼저 등급을 부여하고, 행정안전부가 이를 승인한다. 등급은 '가'부터 '마'까지 5단계이며, 관대화 방지를 위해 '가'와 '나' 등급 비율이 40%를 넘지 않도록 조정할 수 있다.

〈표 14〉 지방공기업 경영평가 등급 기준

등급	가	나	다	라	마
점수기준	90점 이상	85점 이상	80점 이상	75점 이상	75점 미만
등급비율	10%	30%	40%	15%	5%

출처: 2025년도 지방공기업 경영평가 편람

② 평가급 지급

경영평가 등급에 따라 평가급은 차등 지급된다. 지급 범위는 지방공기업 예산편성기준에 따라 행정안전부가 설정하고, 최종 지급률은 지방자치단체가 결정한다.

〈표 15〉 평가급 지급률

경영평가 등급	지급률(평가급 = 연봉(보수) 월액 × 지급률)		
	기관장	임원(급)	직원
가	400~301%	350~251%	200~180%
나	300~201%	250~181%	150~131%
다	200~100%	180~100%	100~80%
라	0% (익년도 연봉 동결)	0%(익년도 연봉 동결)	50~30%
마	0%(익년도 연봉 10~5% 삭감)	0%(익년도 연봉 10~5% 삭감)	0%

출처: 2025년도 지방공기업 예산편성기준

③ 정책 활용 등 후속조치

경영평가 결과는 경영진단 대상 선정에 활용된다.

3개 사업연도 이상 연속하여 순손실 발생, 현저한 영업수입 감소 등의 법적 요건(지방공기업법 제78조의2의②항)에 해당하는 기관은 경영진단과 개선명령을 받는다. 우수한 평가를 받은 기관과 임직원에게는 포상이 주어진다.

또한, 종합보고서로 분석된 결과는 정책의 수립과 개선에 활용되며, 국정과제의 성과관리에도 반영된다.

4.
기타공공기관 평가제도

(1) 기타공공기관 평가의 목적

공기업과 준정부기관 경영평가는 40년 이상의 역사를 가졌지만, 기타공공기관에 대한 경영평가는 비교적 최근에 도입되었다. 2008년 6월, 공공기관운영위원회가 '기타공공기관 혁신에 관한 지침'을 개정하면서 본격적으로 시작되었고, 2018년에는 '공공기관의 혁신에 관한 지침'으로 통합되었다. 현재는 공공기관운영법 제15조에 따라 시행되고 있다.

> 제15조(공공기관의 혁신)
>
> ① 공공기관은 경영 효율성 제고 및 공공서비스 품질 개선을 위하여 지속적인 경영혁신을 추진하여야 한다.
> ② 기획재정부 장관은 제1항에 따른 경영혁신을 지원하기 위하여 운영위원회의 심의·의결을 거쳐 관련 지침의 제정, 혁신 수준의 진단 등 필요한 조치를 할 수 있다.

　기타공공기관 경영평가는 "기타공공기관의 공공성 및 경영 효율성을 높이고, 경영개선이 필요한 사항에 대해 전문적인 컨설팅을 제공함으로써, 궁극적으로 대국민 서비스 개선을 목적으로 한다"(국토부 2024년 산하기관 경영평가 편람). 이는 기획재정부 공공기관 경영평가 목적과 동일한 것으로, 대부분 부처의 경영평가 편람도 유사하다.

　기타공공기관 평가는 해당 기관의 주무 부처가 담당한다. 일부 부처는 '기타공공기관 경영평가 규정' 등을 제정해 자체 기준으로 시행하기도 하며, 2023년도 기준 18개 부처가 경영평가를 시행 중이다.

　경영평가는 부처별로 다소 차이가 있으나, 일반적으로 다음과 같은 일정으로 진행된다.

〈표 16〉 기타공공기관 경영실적 평가 일정(예시)

구분	추진내용	일정
경영평가	경영평가단 구성 및 회의	2~3월
	서면 심사, 현장실사 및 중간 평정	3~5월
	평가 결과 취합, 기관별 확인	6월
	평가 결과 확정 및 기관 통보	
	평가보고서 발간 및 후속조치	7~8월
차 년도 경영평가 편람 마련	평가 개선 사항 검토	6~7월
	기관별 주요사업 지표 검토	7~8월
	경영관리 지표 검토	9월
	차 년도 평가편람 확정	10월
	실적보고서 작성 지침 확정	

출처: 문화체육관광부 기타공공기관·단체 경영실적 평가 등 위탁용역과업지시서(2024. 11.)

(2) 평가유형 및 대상 기관

기타공공기관은 2013년 처음 178개 기관이 지정된 이후 계속해서 증가하고 있다. 2022년 공공기관운영법이 개정되면서 기존 공기업과 준정부기관 중 43개 기관이 기타공공기관으로 전환되었고, 2025년에는 평가대상으로 약 243개 기관이 예상된다.

평가는 기획재정부 평가모형을 그대로 적용하는 부처도 있지만,

일부 부처는 기관 특성에 따라 유형을 구분하는 맞춤형 모형을 사용한다. 교육부, 문화체육관광부, 산업통상자원부, 환경부, 국토교통부, 식품의약품안전처 등이 이에 해당하며, 구분 기준으로 인력규모, 업무성격, 재원조달 방식 등이 포함된다.

부처별 기관 수와 평가유형 구분 여부는 다음과 같다.

〈표 17〉 기타공공기관 평가유형 및 분류기준

부처명	기관수	유형구분		평가대상 기관
국조실	25	×		경제·인문사회연구회, 과학기술정책연구원 外
기재부	2	×		한국수출입은행, 한국투자공사
교육부	22	○	1유형/2유형	강릉원주대학교치과병원, 강원대학교병원 外
과기부	15	×		(재)우체국시설관리단, (재)한국우편사업진흥원 外
외교부	1	×		(한국국제교류재단
통일부	2	×		(사)남북교류협력지원협회, 북한이탈주민지원재단
법무부	3	×		대한법률구조공단, 정부법무공단 外
국방부	3	×		국방전직교육원, 전쟁기념사업회, 한국국방연구원
행안부	2	×		(재)일제강제동원피해자지원재단, 민주화운동기념사업회
보훈부	2	×		88관광개발㈜, 독립기념관
문체부	30	○	표준/약식	(재)예술경영지원센터, 게임물관리위원회 外
농식품부	8	×		가축위생방역지원본부, 농림식품기술기획평가원 外
산업부	14	○	1유형/2유형	대한석탄공사, 재단법인 한국에너지재단 外
복지부	24	×		(재)한국보건의료정보원, 국가생명윤리정책원, 外

환경부	6	○	1유형/2유형	국립낙동강생물자원관, 국립호남권생물자원관 外
고용부	7	×		건설근로자공제회, 노사발전재단 外
여가부	5	×		한국건강가정진흥원, 한국양성평등교육진흥원 外
국토부	16	○	1유형/2유형	건설기술교육원, 공간정보품질관리원 外
해수부	15	×		국립해양과학관, 국립해양박물관, 부산항만공사 外
중기부	8	×		㈜공영홈쇼핑, 신용보증재단중앙회 外
공정위	1	×		한국공정거래조정원
금융위	3	×		서민금융진흥원, 중소기업은행, 한국산업은행
방통위	1	×		시청자미디어재단
원안위	3	×		한국원자력안전기술원, 한국원자력안전재단
식약처	5	○	1유형/2유형	식품안전정보원, 한국마약퇴치운동본부 外
관세청	1	×		한국원산지정보원
통계청	1	×		(재)한국통계정보원
재외동포청	1	×		재외동포협력센터
방사청	2	×		국방과학연구소, 국방기술품질원
소방청	1	×		한국소방산업기술원
국가유산청	1	×		국가유산진흥원
농진청	1	×		한국농업기술진흥원
산림청	3	×		한국등산·트레킹지원센터, 한국임업진흥원, 한국치산기술협회
특허청	6	×		한국발명진흥회, 한국지식재산보호원 外
기상청	3	×		(재)차세대수치예보모델개발사업단 外
합계	243			

출처: 2023 공공기관 현황 편람

(3) 성과지표 체계 및 내용

　기타공공기관은 2013년 '공공기관 정상화 대책' 이후, 기획재정부가 제시한 '경영평가 편람 권장안'을 바탕으로 성과관리 체계를 운영하고 있다. 대부분 부처가 기획재정부의 준정부기관(위탁집행형) 평가모형과 유사한 지표체계를 사용하고 있다.
　일부 부처의 경우 평가범주와 지표는 동일 하나, 지표의 수나 명칭 등에서 차이를 두며, 중기부, 행안부, 교육부, 기재부, 금융위는 자체적인 평가모형을 사용하기도 한다.
　성과지표 구성과 배점 방식은 부처마다 다르므로, 세부적인 사항은 각 부처의 경영평가 편람을 통해 확인할 수 있다.

(4) 평가 결과의 활용

　기타공공기관의 평가 결과는 부처에 따라 다양하게 활용된다. 대부분 부처는 평가 결과를 성과급 지급이나 기관장 임면과 연계하여 활용하고 있다.
　예를 들어, 문화체육관광부는 자체 지침에 따라 기관장과 직원의 성과급 지급 기준을 정하고 있으며, 기획재정부 기준을 참고해 운용한다. 다만, 주식회사 형태의 기관은 주무 부처와 협의해 별도로 정한다.

보건복지부는 평가 결과를 바탕으로 기관에 개선계획을 제출하도록 하고, 평가단의 피드백을 통해 개선 방안을 마련하도록 유도한다. 또 일부 부처는 기관장 해임 건의, 부진기관의 개선계획 제출 등 후속 조치를 통해 평가 결과를 적극 환류하고 있다. 특히, 교육부, 외교부, 보건복지부, 원자력안전위원회 등은 평가 결과에 기반한 전문 컨설팅을 제공하기도 한다.

PART 3

공공부문의 성과지표 개발

1.
성과지표 개념과 개발 원칙

(1) 성과지표 개념

① 공공부문 성과지표의 원칙과 특성

성과지표는 성과를 측정하고, 정책적 개입의 변화를 반영하며, 행위자의 성과를 평가하는 데 활용되는 양적 또는 질적 수단을 의미한다(OECD, 2010). 특히 공공부문의 성과지표Performance Indicator는 정책수행을 통해 달성하려는 성과목표의 달성 수준을 수치화하거나 평가하는 지표다. 목표를 어떻게 측정하고 관리할 것인지에 대한 구체적인 방법을 제시하며, 달성하기 위해 수행해야 할 행동을 명확하게 정의한다.

정부업무성과관리운영지침은 성과지표 설정의 기본원칙을 다음과 같이 규정하고 있다.

> 성과지표는 정책이나 사업의 목표달성도를 측정할 수 있도록 가능한 객관적이고 정량적으로 설정하되, 이것이 곤란한 경우는 최대한 이를 담보할 수 있는 형태로 설정한다(정부업무평가기본법 제6조 ②).

또한 공공부문 성과지표는 세 가지 주요 특성을 가진다(성과지표개발·관리매뉴얼).

첫째, 전략목표가 명확할 때 성과목표는 구조화되고, 구조화된 성과목표에 따라 성과지표도 구체화되어야 한다.
- 성과지표는 조직의 전략목표와 체계적으로 연결되어야 한다.
- 전략목표가 모호하면 성과목표의 일관성이 떨어지고, 성과지표도 명확하게 정의하기 어렵다.

둘째, 성과지표는 전략목표와 성과목표의 내용을 대표하여야 한다.
- 전략목표와 성과목표에 대응하는 명확하고 적절한 지표여야 한다.
- 성과지표는 정책이나 사업의 실질적 성과를 반영할 수 있어야 한다.

셋째, 성과지표는 성과목표 달성 기준을 구체적, 체계적, 객관적으로 제시하여야 한다.

- 측정 가능하고 계량화된 성과지표가 설정되어야 주관적 판단을 줄일 수 있다.
- 재평가하더라도 동일하거나 유사한 결과를 얻을 수 있어야 한다.

이러한 원칙과 특성은 성과관리의 신뢰성을 높이고, 정책과 사업의 성과를 체계적으로 관리하는 데 중요한 요소다.

② 공공부문의 성과측정 목적

성과측정은 투입된 자원이 얼마나 효율적으로 활용되었는지, 그 결과가 목표 대상에게 적절하게 전달되었는지를 평가하는 과정이다. 이를 통해 정책이 본래 목적에 얼마나 기여했는지를 분석할 수 있다.

공공부문의 성과측정 주요 목적은 다음과 같다(경기개발연구원, 2006).

- 조직의 성과를 개선하고 자원 활용의 효율성을 높인다.
- 공공서비스의 효과성을 평가하고 서비스 품질을 향상한다.
- 정책결정권자가 공공서비스 변화와 재정건전성을 명확히 이해하도록 돕는다.
- 정책 방향을 올바르게 설정하고 공공서비스 운영의 신뢰성을 높인다.

(2) 성과지표 유형

성과지표는 정량적 측정 가능 여부, 사업의 대표성, 성격과 내용에 따라 세 가지 유형으로 구분할 수 있다.

① 계량지표와 비계량지표

성과지표는 수치로 측정할 수 있는지에 따라 계량지표(정량지표)와 비계량지표(정성지표)로 구분된다.

〈표 18〉 계량지표와 비계량지표

구분	계량지표(정량지표)	비계량지표(정성지표)
정의	수치로 측정 가능한 지표	수치로 직접 측정할 수 없는 지표
특성	평가자의 주관이 개입되지 않음	평가자의 주관이 개입될 가능성이 있음
예시	건설 수주액, 인구 10만 명당 범죄발생률	민원인 만족도, 국정과제 인지도

※ 만족도 조사는 왜 비계량지표일까?

만족도 조사 결과는 숫자로 표현되지만, 조사 대상자의 주관이 반영되므로 비계량지표에 해당한다. 예를 들어, '자연휴양림 이용자 증가율'은 동일한 방법으로 반복해 측정할 때 동일한 결과를 얻을 수 있어서 계량지표다. 반면 '자연휴양림 이용자 만족도'는 조사 대상과 상황에 따라 달라질 수 있어 비계량지표로 분류한다.

② 대표 성과지표와 단위과제 성과지표

성과지표는 적용 범위에 따라 조직 전체의 성과를 측정하는 대표 성과지표와 개별사업의 목표 달성 여부를 측정하는 단위과제 성과지표로 나뉜다.

〈표 19〉 대표 성과지표와 단위과제 성과지표

구분	대표 성과지표	단위과제 성과지표
정의	조직 전체의 성과를 종합적으로 측정하는 지표	단위과제의 목표 달성 여부를 측정하는 지표
특성	개발 후 목표치만 조정하여 장기간 사용 가능, 개발 난이도 높음	매년 단위사업 특성에 맞게 새롭게 개발됨, 개발 난이도 상대적으로 낮음
예시	GDP증가율, 총수출액, 국가채무비율	신도시 토지매수율, 관광지 개발 수, 해외 특허 등록 건수

③ 사업단계(투입, 과정, 산출, 결과)별 성과지표

성과지표는 성과정보의 특성에 따라 투입지표, 과정지표, 산출지표, 결과지표로 구분된다. 이러한 지표들은 사업수행 과정의 논리적 흐름을 분석하고 평가하는 데 활용된다.

<표 20> 사업단계별 성과지표

구분	투입지표 (Input Measure)	과정지표 (Process Measure)	산출지표 (Output Measure)	결과지표 (Outcome Measure)
정의	예산·인력 등 투입된 자원의 양	사업수행 과정의 중간 산출물	사업 완료 후의 직접적인 성과	최종 목표 달성에 따른 효과와 영향
특성	예산집행, 사업진행상 문제점파악	사업진도 점검 및 중간 과정 관리	설정 목표의 달성 여부 확인	사업수행의 효과측정
평가 영역	능률성 평가			효과성 평가
예시	예산집행률(%) = (예산집행액/ 예산확보액)×100	직업학교 건설 공정률(%) = (연별도집행 누계액/전체예산)×100	직업훈련수료자 수(명)	직업훈련참가자 취업률(%) = (취업자/수료자)×100

(3) 성과지표 개발 원칙

2024년 정부업무성과관리운영지침에 따르면, 공공부문의 성과지표를 설정할 때는 정책 대표성, 적절성, 인과성, 구체성, 측정 가능성, 기한성, 비교가능성 등 일곱 가지 원칙을 고려하도록 한다. 이러한 원칙들은 성과지표가 사업의 성과를 효과적으로 측정하고 체계적으로 관리할 수 있도록 돕는다.

〈그림 3〉 성과지표 개발 원칙

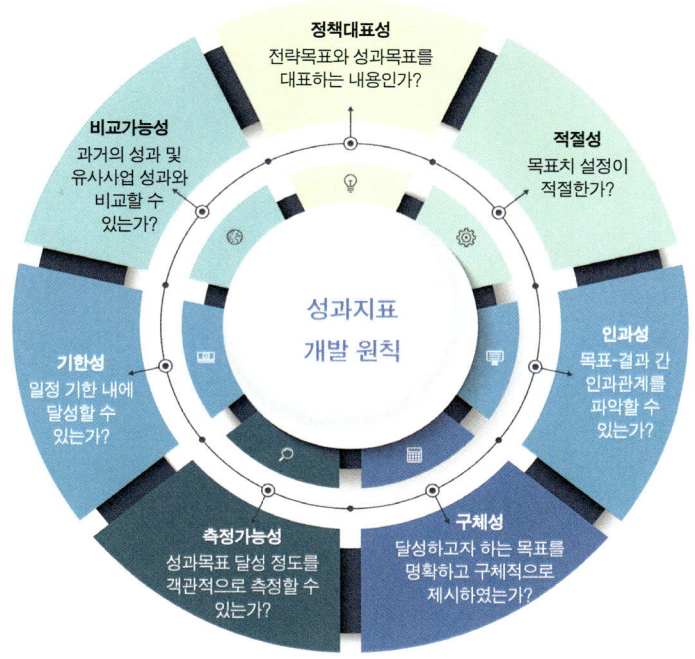

출처: 성과지표개발·관리 매뉴얼

① 정책 대표성

성과지표는 성과목표의 핵심 내용을 정확하게 반영해야 한다. 지표 개발의 편의성을 이유로 본질적이지 않거나 지엽적인 내용을 포함해서는 안 된다. 정책 대표성을 확보하려면 외국 및 타 기관의 사례를 참고하거나 전문 연구기관과 협력하여 체계적이고 신뢰성 있는 지표를 개발해야 한다.

ex.
(성과목표) 학습자 중심의 평생 직업교육 체계 구축과 고졸 희망 시대 실현
(성과지표) 특성화고·마이스터고 취업률
(검토결과) 취업률만으로는 목표의 핵심을 충분히 반영하지 못해 대표성이 부족함
(개선방향) 직업교육 이수자 중 재직·진학·창업 등 사회진출 성공률(%), 평생 직업교육 이수자 증가율(%), 학습자 참여도 증감률(%) 등으로 개선 가능

② 적절성

목표치는 과거 3년간의 추세 및 전년도 성과를 기반으로 설정해야 하며, 기관이 적극적으로 도전할 수 있는 수준이어야 한다. 지나치게 낮은 목표치는 피하고, 현실적이면서도 성과를 유도할 수 있는 수준으로 설정해야 한다.

ex.
(성과목표) 국제적 안보역량 강화를 위한 국방교류·협력 확대
(성과지표) 양자, 다자간 국제협력 및 국제평화 활동 추진 실적

성과지표	실적	목표치			
	'24	'25	'26	'27	'28
양자, 다자간 국제협력	100%	100%	100%	100%	100%
국제평화 활동 추진 실적	100%	100%	100%	100%	100%

(검토결과) 목표치가 매년 동일한 100%로 설정되어 있어, 실질적 성과를 확인하기 어려움
(개선방향) 국제협력 사업의 참여 횟수 증가율(%), 협력 대상국 확대 실적(대상국 수 및 교류 규모 변화) 등의 지표로 개선 가능

③ 인과성

성과지표는 기관의 직접적인 노력과 성과를 반영해야 한다. 외부변수(예: 환율, 유가 등)의 영향을 받는 지표는 최소화하고, 단순한 예산 투입 규모나 참여 건수와 같은 지표는 피해야 한다.

ex.
(성과목표) 적극적 일자리 창출을 위한 공무원 채용 확대
(성과지표) 공무원 선발 실적 (최종 선발 인원 / 선발 예정 인원 × 100)
(검토결과) 공무원 선발은 미달 가능성이 거의 없어 기관의 실질적인 노력이 반영되지 않음

(개선방향) 공무원 채용 홍보 활동 실적(홍보 활동 횟수, 채용설명회 개최 수), 균형 인재 채용 비율(장애인, 지역 인재 채용 비율) 등으로 개선 가능

④ 구체성

성과지표는 사업의 핵심 내용을 명확하게 반영해야 하며, 모호하거나 추상적인 표현을 지양해야 한다.

ex.
(성과목표) 대한민국을 대표하는 문화·관광 거점도시 조성
(성과지표) 문화 기반 조성 실적
(검토결과) 지표가 너무 추상적이어서 객관적으로 측정하기 어려움
(개선방향) 신규 문화시설 건립 수, 관광객 유치 증가율, 문화행사 개최 횟수 등으로 세분화

⑤ 측정가능성

성과지표는 신뢰할 수 있는 자료를 기반으로 측정할 수 있어야 한다. 공식적인 자료와 명확한 측정 방법을 제시해야 하며, 국제적으로 공신력 있는 평가지표[1]를 활용하면 신뢰성을 높일 수 있다.

---

1) IMD 국제경쟁력평가: 스위스 국제경영개발대학원(IMD)이 1989년부터 매년 시행
　WEF 국제경쟁력평가: 세계경제포럼(WEF)에서 1979년부터 매년 시행
　UN 전자정부평가: UN이 2002년부터 2년마다 193개 회원국의 전자정부 발전 수준 평가

ex.
(성과지표) 복권 구매 서비스 만족도
(자료수집) 전문 조사기관 위탁조사
(검토결과) 자료수집 방법이 불명확하여 신뢰성 확보 어려움
(개선방향) 전문 조사기관(예: 한국갤럽, 닐슨코리아)의 표본 설계 및 조사 방법론 명시

⑥ 기한성

성과지표는 해당 연도의 성과를 평가할 수 있도록 설정해야 하며, 결과 산출에 과도한 시간이 소요되지 않아야 한다.

ex.
(성과목표) 인구주택 총조사 결과의 신속한 제공
(성과지표) 결과 공표시기 단축
(검토결과) 조사 종료 후 다음 해에 성과가 산출되어 당해 연도 평가가 불가능함
(개선방향) 데이터 처리 속도 개선(예: 검증 소요 시간 단축), 공표 준비 작업 단계 개선(초안 작성, 검증, 피드백) 등의 성과지표 추가

⑦ 비교가능성

성과지표는 과거 실적과 비교하거나 유사 사업과 비교할 수 있어야 한다. 이를 통해 정책 효율성을 평가하고 성과 추세를 분석해, 향후 계획 및 예산 편성에 활용할 수 있다.

ex.
(성과목표) 공공안전 강화와 신속한 재난 대응
(성과지표) 지진정보 제공 신속도
(검토결과) 과거 성과와 비교할 수 있으며, 유사한 재난 대응 사업(홍수경보, 산불대응)과 성과 비교 가능

(4) 좋은 성과지표 개발을 위한 체크리스트

공공부문에서 효과적인 성과지표를 만들기 위해서는 민간과는 다른 공공의 특성을 고려하는 것이 필요하다. 공공부문 성과관리가 일찍부터 발전했던 영국 재무성 외(HM Treasury et al., 2001)는 바람직한 성과지표가 갖추어야 할 요건으로 다음의 여덟 가지 요소를 제시하였다. 이 요소들은 국제적으로 활용이 되는 기본 틀로써, 우리나라 공공부문 성과지표 개발에 참조한다면 바람직한 지표 도출에 도움이 될 것이다.

- Relevance: 조직의 목표와 직접적인 관련이 있어야 함
- Perverse Incentives: 불필요한 낭비나 왜곡된 행동을 유도하지 않아야 함
- Well-Defined: 성과지표의 의미와 평가기준이 명확해야 함
- Attributable: 해당 조직의 활동이 성과에 미치는 영향을 측정할 수 있어야 함
- Timelines: 진행 상황을 파악하는 데 도움 되도록 적시에 측정할 수 있어야 함
- Reliable: 반복 측정 시 일관된 결과를 제공해야 함
- Comparable: 과거 성과나 유사한 사업과 비교할 수 있어야 함
- Verifiable: 적절한 과정을 거쳐 측정되었는지를 검증할 수 있어야 함

또한 공공의 특성을 반영한 체크리스트를 활용하는 것도 필요하다. 공공부문은 민간조직과 달리 통제가 어려운 영역까지도 성과로 반영해야 하는 경우가 있다. 그런데 측정이 쉬운 지표만 선택하면, 지표들이 단순한 업무 나열에 그쳐, 실제 성과를 제대로 보여주지 못하는 문제가 생긴다. 따라서 통제하기 어려운 지표라도 충분한 검토와 분석을 통해, 통제가 가능한 방식으로 바꾸어 활용할 필요가 있다.

이석환(2008)은 공공부문에서 성과지표를 개발한 후, 다음 〈표 21〉의 좋은 성과지표 도출 체크리스트 모든 항목에서 "예(YES)"로 답할 수 있다면, 해당 지표는 바람직한 성과지표로 인정받을 수 있다고 제안했다.

〈표 21〉 좋은 성과지표 도출 체크리스트

번호	좋은 지표의 조건
1	지표가 실제로 측정 가능한가?
2	지표가 공공의 고객에 대한 책임감을 높이는 데 도움이 되는가?
3	지표가 기관 차원의 책임성을 높이는 데 기여하는가?
4	지표가 구성원 직급 간의 책임 분담에 도움을 주는가?
5	지표가 자원 배분이 효율적으로 이루어지도록 하는가?
6	지표가 분석, 계획, 운영의 효율성을 높이는가?
7	지표가 구성원에게 동기를 부여하고 성과 개선을 유도하는가?
8	지표가 새로운 개선 전략을 제시할 수 있는 정보를 제공하는가?

출처: 이석환(2008), 저자 일부 수정

(5) 성과지표 설정이 어려운 경우 대처방안

성과지표를 활용한 평가는 객관성 확보와 평가의 용이성 측면에서 장점이 있다. 하지만 대표성이 부족한 성과지표 사용, 단순화된 논리에 따른 왜곡된 판단, 적정한 목표설정의 한계 등에서 단점도 존재한다. 이런 문제를 해결하려면, 보다 정교한 접근과 고민이 필요하다.

미국 관리예산실Office of Management and Budget[2]은 성과지표를 설정하다 난관에 봉착했을 때 다음과 같은 실질적인 대처방안을 제시한 적이 있다.

〈표 22〉 성과지표 설정 어려운 사례와 대처방안

어려운 사례	대처방안
사업 결과를 측정하기 어렵다.	사업의 근본 목적을 다시 묻고, 효과를 간접적으로 측정할 수 있는 방법을 찾는다. 예시) 왜 이 사업에 예산배정이 필요한가? 　　　이 사업이 성공하면 무엇이 달라지는가?
사업성과에 영향을 주는 외부요인이 많다.	비슷한 사업을 하나의 집합으로 묶고, 전체 성과지표와 개별 성과지표를 함께 설정한다.
오랜 시간이 지난 뒤에 성과가 나타난다.	장기목표를 달성하기 위한 단기·중기 이정표를 설정하고, 그에 맞는 측정 방식을 설계한다.
사업목적이 다양하고 자금이 여러 곳에 사용된다.	주요 이해관계자들과 핵심 목표에 대해 합의한 후, 역할에 따른 책임 성과지표와 평가기준을 명확히 정한다.
행정적 성격의 사업이라 성과를 나타내기 어렵다	행정 활동을 별도 사업이 아닌, 전체 사업의 일부로 보고 공통지표나 투입비용 등으로 성과를 간접 측정한다.

---

[2] 미국 정부기관의 프로그램과 예산정책의 집행을 관리 감독하는 기관

2. 성과지표 개발 절차

(1) 공공부문 성과목표의 수립체계

　공공부문에서 성과관리 전략을 수립할 때는 기본적으로 기관의 임무와 전략목표, 성과지표를 명확히 제시하고, 타 기관이나 이해관계자와 충분한 협의를 거치며, 환경적 요인에 대한 폭넓은 사전 분석을 해야 한다(2024년 정부업무성과관리운영지침).

　이 지침에 따르면 성과목표 수립체계는 '임무-비전-전략목표-성과목표-성과지표'의 5단계로 구성되며, 성과지표는 전략목표, 성과목표, 관리과제에 대해 각각 설정할 수 있다. 이 구조는 공공부문 성과관리의 기본 틀이다.

〈그림 4〉 공공부문 성과목표 수립체계

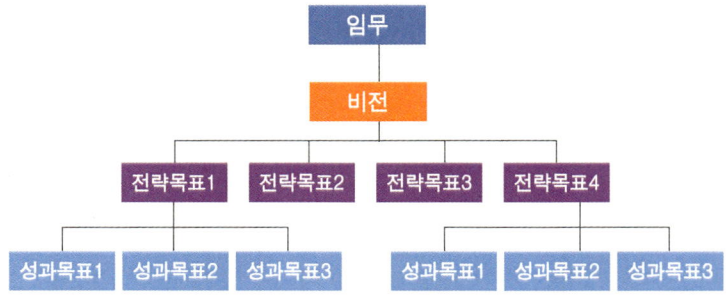

출처: 2024년 정부업무성과관리운영지침

각 구성요소의 정의는 다음과 같다.

① 임무(미션)

 기관의 고유 역할과 사명을 의미하며, 조직의 존재 이유를 나타낸다. 설립 근거가 되는 법령과 규정에 기반하여, 국민에게 체감되는 결과 중심으로 명확하게 작성한다.

② 비전

기관이 지향하는 장기적인 목표와 바람직한 미래상이다. 전략 방향을 제시하는 기능을 하며, 현실에 기반하면서도 포괄적이고 동기를 부여하는 표현으로 구성한다.

③ 전략목표

기관의 설립 목적과 비전 실현을 위해 추진하는 주요사업들을 영역별로 제시하는 목표다. 국정지표, 국정전략, 기관의 임무(미션), 비전과 연계하여, 기관이 중점적으로 추진해야 할 중장기 정책 방향을 설정한다.

④ 성과목표

전략목표를 달성하기 위한 하위목표이며, 연간 단위의 구체적인 목표다. 달성 시기와 목표 수준을 명확히 제시함으로써, 정책 방향 파악을 용이하게 한다.

⑤ 성과지표

성과목표의 달성 정도를 양적, 질적으로 측정하는 지수다. 성과목표에 담긴 핵심 내용을 대표적으로 반영하며, 구체적이며 측정이 가능한 형태로 설정한다.

공공부문의 성과목표 수립은 임무(미션)와 비전을 기반으로 전략목표와 성과목표를 구체화하고, 대표성 있는 성과지표를 설정함으로써 일관성 있는 성과관리체계를 갖춘다. 이러한 체계를 통해 명확한 목표 달성과 효과적인 성과관리를 도모한다.

중앙행정기관과 지방자치단체는 국무조정실 운영 지침을 근거로 '임무-비전-전략목표-성과목표-관리과제' 체계로 운영된다.

공기업과 준정부기관은 공공기관운영법 제46조(경영목표의 수립)에 근거하여 전략경영 계획, 경영목표 설정 등의 업무를 효과적으로 수행하기 위한 내부 규정을 두고 있다. 2023년 기준 공공기관 경영실적보고서에 나타난 주요사업 성과목표 수립체계는 '미션-비전-경영목표-전략과제-[주요사업-단위(대상)사업]-성과목표-성과지표'로 연결되는 체계로 운영되고 있다.

(2) 성과지표의 개발

공공기관의 성과지표는 기관의 유형과 목적에 따라 다양한 방식으로 개발된다. 예를 들어, 재정사업, 복지사업, 경영평가 등은 서로 다른 특성과 목표를 가지고 있으므로, 각 상황에 맞는 개발 절차가 필요하다. 이러한 이유로 정부는 체계적인 성과지표 개발을 지원하기 위한 매뉴얼을 지속해서 개발해 왔다.

특히 2006년 정부업무평가기본법 제정과 함께 통합적인 성과관리 체계를 도입하면서, 국무조정실은 공공부문 성과관리를 표준화하기 위한 성과지표 개발·관리 매뉴얼을 발간했다. 이후 2012년에는 기획재정부가 재정사업 성과지표개발 매뉴얼을 제작하여 재정사업 중심의 성과지표 개발을 지원하였다. 이러한 매뉴얼은 공공부문이 효과적으로 성과를 관리해 나가는 데 기여 해 왔다.

본 장에서는 정부가 발간한 매뉴얼과 여러 가지 연구자료를 참조하여, 공공기관이 스스로 성과지표를 만들어 갈 수 있도록 7단계의 개발 과정을 제시한다. 각 단계는 실무자가 이해하고 따라 하기 쉽도록 구체적이고 상세하게 설명되어 있다.

7단계 성과지표의 개발 순서는 〈표 23〉과 같다.

〈표 23〉 성과지표의 개발 절차

단계	개발절차	개발내용
1단계	조직의 임무(미션), 비전, 전략목표 확인	조직이 왜 존재하는지, 어떤 방향으로 나아가는지를 명확히 파악한다. 이는 성과지표 개발의 출발점이 된다.
2단계	주요사업 정의와 성과목표 확인	각 사업이 어떤 목표를 갖는지 확인하여, 지표가 이를 적절히 반영하도록 한다.
3단계	성과지표 개발	성과목표를 실제로 측정할 수 있는 지표 형태로 만든다.
4단계	성과지표 선정	개발된 성과지표 중 가장 적합한 지표를 선정한다.
5단계	성과지표 적합성 검증	선정된 지표가 조직 목표 및 사업 특성과 잘 맞는지 확인한다.
6단계	성과지표 목표설정	각 지표가 도달해야 할 목표 수준을 설정한다.
7단계	성과지표 상세화	지표를 구체적으로 정의하고, 측정 방법과 기준을 명확히 기술한다.

① 1단계: 조직의 임무(미션), 비전, 전략목표 확인

성과지표를 만들기 위한 첫걸음은 기관의 임무(미션)와 비전, 전략목표를 명확히 확인하는 것이다. 이는 성과지표가 기관의 정책 방향과 목표를 제대로 반영할 수 있도록 기초를 마련하는 과정이다.

첫째, 임무(미션)와 비전 확인

임무는 기관의 고유한 사명과 역할을 의미한다. 비전은 임무를 수행하면서 이루고자 하는 미래의 모습이다. 성과지표를 만들기 전에 이 두 가지를 정확히 이해할 필요가 있다.

Check Point
- 기관의 임무(미션)는 무엇인가?
- 기관의 비전은 무엇인가?

둘째, 전략목표 확인

전략목표는 공공기관이 중장기적으로 추진할 정책 방향이다. 중장기 경영목표 자료 등을 참고하여 확인할 수 있다.

□ 법적 근거

- **공공기관운영법 제46조**: 공공기관은 **5년 이상의 중장기 목표를** 세우고 매년 10월 31일까지 기획재정부장관과 주무기관의 장에게 제출해야 한다.
- **지방공기업법 제9조의2**: 지방직영기업도 **중장기 경영계획을 수립**해야 한다.
  제64조의3: ···사장은 매년 해당 연도를 포함한 5회계연도 이상의 **중장기 재무관리계획을 수립**하고, ···지방자치단체의 장과 의회에 제출해야 한다.

Check Point
- 전략목표는 기관의 임무(미션)와 비전을 대표하는가?
- 전략목표에 임무(미션)와 비전 달성을 위한 계획과 방법이 제시되었는가?

〈사례〉
- 기관의 임무(미션)와 비전

□ 미션

ICT와 SW신산업 육성으로 국가 · 경제 혁신성장 선도	우리원 설립목적인 ICT·SW산업을 육성하여 국가·경제의 혁신성장에 기여하는 것을 기관의 최우선적 임무로 명시

□ 비전

디지털 혁신을 선도하는	· 디지털 전환을 통해 국가 경제의 위기를 극복하고, 글로벌 선도국가로의 도약을 위한 역동적 혁신성장을 견인하는 전진기지 역할 수행 의지
ICT전문기관	· 디지털 전환에 필수요건이자 혁신의 Enabler인 ICT산업을 육성하는 ICT전문기관으로서 우리원의 위상 정립

□ 핵심가치

변화와 혁신	· ICT융합 전문역량과 노하우를 가지고 끝없는 도전으로 변화와 혁신을 선도	· 미래지향적 사고 · 디지털 혁신 리더
소통과 협력	· 열린자세로 구성원 전체가 가치를 공유하고, 국민·이해관계자와 함께 소통하며 사회문제 해결	· 관심과 노력 · 상호 존중적 태도
자율과 책임	· 창의적 사고와 투철한 책임감으로 국민의 신뢰를 회복하기 위한 자발적인 노력	· 능동적 참여의식 · 공공기관 책임감

- 기관의 전략목표 확인

□ **전략목표별 전략과제 및 세부실행계획**

4대 전략목표	8대 전략과제	중점 추진 계획
I. 국가·산업 전반의 인공지능 확산	① 인공지능 융합서비스 확산 및 일상화 촉진	· 全산업분야의 디지털 전환 역량 강화 · AI일상화를 위한 AI혁신 서비스 창출 · 국민체감형 디지털헬스 혁신 서비스 마련
	② 인공지능 산업생태계 강화	· 시장선도형 AI반도체 육성 · AI산업 핵심 인프라인 클라우드 경쟁력 강화 · 사회문제해결 및 국민체감형 AIoT융합 신서비스 발굴
II. 지역산업 혁신과 SW신산업 육성 선도	③ 지역주도의 디지털 혁신 견인	· 지역 기업·인재가 집적된 디지털 혁신지구 조성 · 지역 체감형 디지털 혁신 프로젝트 추진 · 지역 디지털 역량 내재화를 위한 디지털 기초체력 강화지원
	④ 메타버스 기반 디지털 혁신 가속화	· 국가·산업의 메타버스 도입 확산 지원 · 메타버스 서비스 발굴 및 수출역량 제고 · 메타버스 인프라 고도화 및 제도 마련
III. ICT산업 글로벌 경쟁력 확보	⑤ 민관협력기반 디지털 수출영토 확대	· 시장 맞춤형 디지털 혁신기업 해외진출 지원 · 디지털 융합 국제협력 거버넌스 강화 · 디지털 기업 수출확대를 위한 글로벌 거점 확산
	⑥ 디지털 시대 선도 ICT기업·인력 육성	· ICT융합 신기술 기반 기업 경쟁력 강화 · 디지털 신기술 분야 실무인력 양성 · 규제·제도혁신 기반 기업 성장환경 조성
IV. 신뢰받는 ICT전문기관 실현	⑦ 국민이 체감하는 경영 효율화	· 직무·성과 중심의 조직·인력 효율화 · 합리적이고 건전한 재무·예산·복리후생 운영 · 국민소통 기반 ICT산업 현장친화·실용적 정책 발굴
	⑧ 지속가능한 책임경영 정착	· 환경과 안전을 우선하는 경영문화 · 지역 사회와 상생하는 경영문화 · 청렴·공정하고 투명한 윤리 경영문화

출처: 정보통신산업진흥원 홈페이지

② 2단계: 주요사업 정의와 성과목표 확인

성과지표를 개발하기 위해서는 주요사업의 목적과 목표를 구체적으로 정의하고 이해하는 것이 필요하다. 이 단계가 성과지표 개발의 방향성을 설정하는 과정이기 때문이다. 조직의 임무와 전략목표를 이해하였으면, 이를 달성하기 위한 실제 주요사업의 명확한 정의와 성과목표를 확인하는 것이다.

첫째, 주요사업 정의

주요사업을 정의한다는 것은 해당 사업이 이루고자 하는 사업목적이 무엇인지 명확히 이해하는 데서 출발한다. 단순히 사업 내용을 나열하는 것이 아니라, 사업을 통해 달성하고자 하는 궁극적인 목적이 구체적이고 명확해야 한다.

먼저, 다음과 같은 질문을 던져 논리적으로 접근해 본다.

- 왜 이 사업이 필요한가? 해결하려는 문제는 무엇인가?
- 사업이 성공하면 어떤 변화가 생기는가?

다음으로 사업정의를 구체적이고 명확하게 표현해 본다. 불명확하거나 추상적인 표현이 아니라 구체적이고 측정할 수 있도록 기술해야 한다. 예를 들어, **'안전하고 선진화된 일터 조성을 통한 국가경쟁력 강화'** 보다 **'재해다발부문 집중관리를 통한 산업재해 감소'** 와 같이 구체적이고 명확하게 정의해야 한다는 의미다. 이처럼 명확한 사업정의는 성과지표를 체계적으로 만들 수 있도록 도와준다.

마지막으로 사업정의가 조직의 임무(미션)와 비전, 전략목표 등 상위 목표와 논리적으로 연결되는지 확인한다. 그래야 기관의 정책 방향성과도 일치하면서 실제 성과 달성에 기여할 수 있다.

Check point
- 사업정의가 구체적이고 명확한가?
- 조직의 임무(미션) 등 상위 성과목표와 연결되는가?
- 주요 활동과 인과관계를 가지는가?

둘째, 성과목표 확인

성과목표는 전략목표의 하위개념으로 주요사업을 통해 달성하고자 하는 목표들을 설정하게 된다. 성과목표가 실질적인 결과를 도출할 수 있는 구체적이고 측정할 수 있는 형태인지 확인한다. 예를 들어, '**국제경쟁력 강화**'는 추상적이므로, '**IMD 국제경쟁력 순위 10위 달성**'과 같이 구체적으로 설정하여, 이후에 달성 여부를 쉽게 확인할 수 있도록 한다.

또한 성과목표 설정 과정에서 경영환경 변화, 이해관계자 요구 등을 반영하였는지, 개정된 중장기 경영전략도 연계되었는지 확인한다. 이러한 통합적인 접근은 성과목표의 개념을 제대로 파악할 수 있어, 실질적인 성과 개선으로 이어질 수 있게 한다.

Check point
- 성과목표가 전략목표 실현을 위한 구체적인 목표인가?
- 정책 방향이나 사업 방법이 담겨 있는가?
- 성과지표와 평가기준을 도출할 수 있는가?

《사례》

- 주요사업 정의

주요사업명	정의
항만물류사업	새로운 물동량 유치와 화물 창출로 항만의 부가가치를 높이는 사업
항만운영사업	안전하고 효율적인 항만 운영을 통해 국가 경제에 기여하는 사업
항만건설 및 유지보수사업	항만 인프라 적시 구축과 친환경·안전 중심의 항만을 개발하는 사업

- 주요사업의 단위사업

주요사업	단위사업		
항만물류사업	미래 수요 창출	항만 수요 다각화	배후부지 활성화
항만운영사업	항만 효율성 증대	고객만족도 제고	안전한 항만 운영
항만건설 및 유지보수사업	항만 인프라 확대	항만시설 안전성 강화	환경친화 항만조성

- 단위사업별 성과목표

단위사업		성과목표	세부내용
항만물류사업	미래 수요 창출	자족 항만 구축	배후단지 확대, 기업·투자 유치로 화물과 일자리 창출
	항만 수요 다각화	물류와 관광의 복합항만	해운 물류와 해양 관광을 함께 유치하여 고부가가치 창출
	배후부지 활성화	고부가가치 배후부지 조성	산업 맞춤형 일자리 및 항만물류 R&D사업 유치

항만 운영 사업	항만효율성 증대	부두 생산성 향상	컨테이너 부두 운영 효율화, 인프라 확충
	고객만족도 제고	고객만족 '우수기관' 달성	현장 규제 개선, 민원 서비스 품질 향상
	안전한 항만운영	무재해 안전항만 실현	작업환경 개선으로 근로자 안전 확보
항만 건설 및 유지 보수 사업	항만 인프라확대	신성장 전략사업 마련	수요 맞춤형 시설 공급, 지역사회와의 연계 가치 창출
	항만시설 안전성 강화	고품질 안전 항만	시설물 안전 확보, 중단 없는 항만 운영
	환경친화 항만조성	지속가능한 항만 환경 개선	Clean Port 실현, 신재생에너지 확대

출처: 2019년도 항만공기업 사례

③ 3단계: 성과지표 개발

주요사업 정의와 성과목표를 확인한 후에 구체적인 성과지표를 설계하는 단계다. 기존지표 수집과 선진지표를 벤치마킹하여 지표 Pool을 만들고, 이를 통해 '투입-과정-산출-결과' 단계별 지표를 도출한다. 이는 사업목적을 구체적으로 측정할 수 있게 만들기 위한 중요한 절차다.

첫째, 기존지표 수집

기관에서 현재 관리되고 있는 성과지표를 수집해 지표의 정의와 관리 실태를 점검한다. 지표의 생성 책임자, 근거자료 출처, 보고 체계 등을 확인해 지표로서 적합한지 검토한다. 이는 기존 성과관리체계를 개선하고, 활용이 가능한 자원을 파악해 이용하기 위한 작업이다.

Check point
- 현재 관리되고 있는 지표는 무엇인가?
- 지표정의와 책임자는 명확한가?
- 지표는 지속적으로 관리되고 정기적으로 보고되는가?
- 근거자료는 어디에서 얻을 수 있는가?

둘째, 선진지표 수집

유사한 공공기관, 민간, 해외 사례를 참고해 우수한 지표를 수집한다. 특히 성과관리가 잘 된 타 기관의 사례를 벤치마킹하여 기관 사업에도 적용할 수 있는 지표를 수집한다. 이는 시행착오를 줄이고 목표 달성에 기여할 수 있는 성과지표 설계에 유용하다.

Check point
- 다른 기관의 핵심 성과지표는 어떤 것이 있는가?
- 도입이 가능한 우수 지표가 있는가?
- 우리 기관의 목표와 맞는 지표인가?

셋째, 지표 Pool 형성

수집한 지표를 기준에 따라 체계적으로 정리한 '지표 Pool'을 구성한다. Pool은 이후 새로운 전략목표나 주요사업이 발생했을 때 참고할 수 있는 자원이 된다. 이를 위해 통합하여 관리할 수 있는 정보시스템도 함께 구축해 관리한다면 효율적인 지표관리에 유용하다.

Check point
- 지표 Pool의 기준과 체계는 명확한가?
- 어떤 방식으로 Pool을 관리할 것인가?
- 운영을 위한 정보시스템이나 프로그램이 준비되어 있는가?

넷째, 단계별 성과지표 도출

지표 Pool을 바탕으로 주요사업의 '투입-과정-산출-결과' 단계별로 성과지표를 분류한다. 이는 성과목표에 적합한 지표를 구체적으로 도출하여, 측정할 수 있는 지표로 개발하는 과정이다.

A. 투입지표 도출

사업에 필요한 인적·물적 자원(예산, 인력, 시간 등)을 나타낸다. 자원의 활용 상태를 점검하고 문제점을 파악하는 데 유용하다.

ex. 예산집행률(%), 투입인력(명), 투입기간(일)

Check point
- 어떤 자원(예산, 인력, 시간 등)이 투입되었는가?
- 자원의 양(규모)은 적절한가?
- 투입 자원을 충분히 지표화하였는가?

B. 과정지표 도출

사업이 어떻게 진행되고 있는지를 보여주는 지표다. 공정률이나 진척도 등을 포함하며, 중간 점검과 진행 상태 파악이 가능하다.

ex. 건설 공정률(%), 일정 진척도

Check point
- 사업의 진행 과정과 활동은 명확히 파악하였는가?
- 진행 과정을 잘 보여주는 지표인가?

C. 산출지표 도출

사업 활동을 통해 생산된 산출물(재화 및 서비스)을 일차적으로 측정하는 지표다. 사업성과를 판단하는 근간이 되고, 의도한 결과로 이어질 수 있는지 점검할 수 있다.

ex. 직업훈련 수료자 수(명), 신규 고속도로 길이(㎞)

Check point
- 어떤 산출물(재화 및 서비스)이 나오는가?
- 산출물이 의도된 사업 목표에 부합하는가?

D. 결과지표 도출

사업이 달성한 최종 성과를 보여주는 지표다. 중장기적인 사업의 경우에는 중간단계의 목표를 설정하여 초기, 중간, 최종 결과지표를 제시할 수 있다.

ex. 훈련생 취업률(%), 6개월 이상 취업유지율(%)

Check point
- 이 지표는 사업의 궁극적인 목표에 부합하는가?
- 외부요인이 결과에 영향을 주지는 않는가?
- 시간이 오래 걸리는 사업이라면 중간목표도 설정했는가?

〈사례〉
- 주요사업: 항만운영사업
    - 단위사업: 효율적인 항만 운영, 안전한 항만 운영, 친환경 항만 운영
    - 성과목표: 항만시설 활용도 제고, 재난·안전·보안 무사고 운영, 오염물 저감

투입지표	과정지표	산출지표	결과지표
안전시설 투자비용	· 항만시설무단사용 적발건수 · 체선율 · 항만서비스 개선율	· 대형선박 입항 비중 · 친환경선박 입항실적 · AMP설비 이용 실적 · 보안사고 발생 건수	· 재난관리평가 등급

- 주요사업: 광산안전관리사업
    - 단위사업: 안전관리체계 강화, 근로자 안전, 대국민 안전

- 성과목표: 안전시스템 구축, 안전 작업장 조성, 설비 안전성 증대

투입지표	과정지표	산출지표	결과지표
· 안전 예산 · 안전 인력	· 안전교육 실적 · 안전신고 조치율 · 폐수 정화 처리 · 배수관 교체	· 재해 발생 실적 (명/백만 톤당) · 방류수 수질 · 오염배출부과금	· 안전문화 지수 (K-SCI)

- 주요사업: 미래성장사업
  - 단위사업: 신재생에너지 사업, 해외사업, 기술개발 사업
  - 성과목표: 신재생사업 선도, 미래성장동력 확보, 기술개발 사회적 책임 이행

투입지표	과정지표	산출지표	결과지표
· 신재생 설비 투자비 · 기술개발 투자비	· 신재생사업 발굴 건수 · 기술개발제품 　적용 건수	· 신재생 설비용량 · 기술개발제품 　도입률	· 신재생 발전량 · 기술개발제품 　활성화

- 주요사업: 송전설비 정비사업
  - 단위사업: 가공송전선로 정비사업, 전력설비 건설사업
  - 성과목표: 무정전 전력공급

투입지표	과정지표	산출지표	결과지표
· 송전사업 인력 확보율 · 송전 드론 운영 기술 　취득률	· 고장예방활동실적 · 위해개소발굴실적 · 송전진단 수행률	· 불량설비 적출실적 · 송전설비 고장율	· 송전 정전고장 　전력량

출처: 과거 공공기관 성과지표에 기반하여 저자 재작성

④ 4단계: 성과지표 선정

성과지표는 앞 단계에서 도출한 지표 Pool을 바탕으로, SMART 기법을 적용해 최종적으로 선정한다. SMART는 지표의 타당성과 적합성을 확인하는 기준으로, 명확성Specific, 측정가능성Measurable, 원인성Attributable, 신뢰성Reliable, 적시성Timely 등의 요소를 말한다. 이 기준을 적용하면, 지표가 명확해지고, 측정이 가능하며, 사업 성과와의 관련성도 높아진다. 또한 신뢰할 수 있고, 시기적절한 평가도 가능해진다.

다음은 SMART 기법으로 지표를 점검하고, 문제점을 찾아 개선해 보는 구체적 사례다.

첫째, 명확성

성과지표는 누가 보더라도 이해할 수 있도록 명확하고 쉽게 정의되어야 하며, 측정 기준도 명확해야 한다.

ex. 산단공단 지원 사업
- 사업목적: 산단공단의 안정적 발전 도모
- 기존지표: 산단공단활성화지수(점) / 산식: 산단공단 지원정도 지수화
  → 지표 개념이 추상적이고, 측정 방법도 불분명함.
- 개선지표: 산단공단 입주기업 생산액 증가율 / 산식: (금년 생산액-전년 생산액)/전년 생산액×100
  → 명확한 정의와 기준으로 성과를 정확히 평가할 수 있음.

둘째, 측정 가능성

성과지표는 실제로 데이터를 측정할 수 있어야 하며, 데이터를 수집하고 관리하는 데 과도한 비용이나 시간이 들어서는 안 된다.

ex. 관광지 개발 사업
- 사업목적: 지정 관광지 내 공공기관 시설 조성을 통한 국민관광 기반 구축
- 기존지표: 관광사업 내 총생산(GRDP) 기여율 / 산식: (관광사업 총생산÷지역내 총생산)×100
  → GRDP 데이터를 따로 측정하기 어렵고, 측정하려면 과도한 비용 발생
- 개선지표: 지역 관광객 증가율 / 산식: (금년도 관광객-전년도 관광객)÷전년도 관광객×100
  → 쉽게 수집 가능한 통계자료를 활용할 수 있고, 사업목적과도 연관성 높음

셋째, 원인성

성과지표는 해당 사업의 직접적인 영향으로 발생한 결과이어야 하며, 외부요인의 영향을 최소화해야 한다.

ex. 생활체육지도자 활동지원 사업
- 사업목적: 생활체육 참여 기회 확대
- 기존지표: 국민체력 증가율 / 산식: (금년도 국민체력-전년도 국민체력)÷전년도 국민체력×100
  → 국민 체력은 다양한 요인의 영향을 받기 때문에 사업의 영향만으로 판단하기 어려움
- 개선지표: 생활체육지도자 지도활동 수혜자 수 / 산식: 지도활동을 받은 수혜자 수 합산
  → 해당 사업의 직접적인 결과를 정량적으로 파악할 수 있음

※ '생활체육 참가자 만족도'를 함께 지표로 설정하면 정량·정성 평가가 모두 가능함.

넷째, 신뢰성

성과지표는 공식적이고 객관적인 데이터를 사용해야 하며, 제삼자가 평가해도 동일한 결과가 나와야 한다.

ex. 부패방지 조사평가 사업
- 사업목적: 반부패·청렴 정책 추진 체제 강화
- 기존지표: 공직사회 부패 인식도 / 산식: 자체 부패수준 조사 점수(10점 만점)
  → 조사 주체가 내부 조직이고 방식도 자의적이라 신뢰도가 낮음
- 개선지표: 부패인식지수(CPI) / 산식: 국제투명성기구(TI)에서 발표한 수치
  → 세계적으로 공신력 있는 기관이 제공한 자료이므로 신뢰성이 높음

다섯째, 적시성

지표는 평가 시점에 맞춰 적시에 성과정보 데이터를 제공할 수 있어야 한다.

ex. 교통량조사 사업
- 사업목적: 도로별 교통량 변화 파악
- 기존지표: 통계연보에 수록된 교통량 / 산식: 금년도 수시 조사 도로 교통량
  → 통계연보는 1년 단위로 발간되어 성과평가 시점과 맞지 않음
- 개선지표: 상시조사 기반 도로교통량 / 산식: 고정식 조사 장비를 통한 실시간 데이터
  → 필요 시점에 바로 확인할 수 있어, 평가 활용도가 높음

여섯째, 지표 선정 시 추가 고려 요소

공공기관은 SMART 기법 외에도 전략연계성, ESG(환경·사회·지배구조), 사회적 기여, 국민체감, 혁신성장 등의 다양한 요소를 반영하여 지표를 선정하기도 한다.

□ 공공기관의 다양한 요소를 반영한 성과지표 선정 사례

- A 기관: SMART+전략연계성+통제가능성+사회적기여+혁신성장
- B 기관: 전략연계+사업대표성+SMART
- C 기관: 정부정책+전략연계성+SMART+ESG
- D 기관: 정부정책+전략연계성+국민체감+사업대표성+SMART
- E 기관: 전략연계성+SMART+ESG
- F 기관: 설립목적+전략연계성+대표성+정부정책+SMART

Check point
- S: 성과지표는 명확하고 이해하기 쉬운가?
- M: 측정이 가능한 데이터가 존재하고, 수집이 가능한가?
- A: 성과가 사업의 영향으로 발생했는가?
- R: 데이터가 객관적이고 신뢰할 수 있는가?
- T: 필요한 시점에 측정 가능한가?

<사례>

- 사회적가치를 고려한 SMART 분석기법으로 성과지표 선정

대상 사업	성과지표 POOL	구분	SMART							선정
			So	S	M	A	R	T	계	
지역화폐사업	차세대 지역화폐 생산 인프라 구축	비계량	4	5	3	5	3	5	25	∨
	지자체 위조 지역화폐 발생률	계량	5	5	5	4	4	5	28	∨
	당일 발급·배송 준수	계량	4	5	4	5	4	4	26	∨
	품질 사고 발생 실적	계량	3	4	3	4	4	4	22	
	지역화폐 사업 서비스 개선	계량	4	4	3	3	3	4	21	
정보보안사업	전략적 보안사업 매출 목표 달성	계량	4	5	5	4	5	4	27	∨
	신규시장 개척 보안사업 확대	비계량	3	5	3	5	4	5	25	∨
	신성장동력 창출 솔루션 사업 확대	비계량	3	5	3	5	4	5	25	∨
	정보 보안성 및 서비스 강화	비계량	5	5	3	5	4	5	27	∨
	미래 핵심 보안기술 개발 및 적용	비계량	3	3	3	4	4	4	21	

* 선정기준: 총합계 점수가 24점(80%) 초과 지표를 최종 선정
** So: Social

- SMART, 사회적가치, 전략연계성을 고려한 성과지표 선정

대상 사업	성과지표 POOL	구분	SMART	사회적 가치	전략 연계성	총점	선정
연료 친환경성 제고	석탄 유황분	계량	50	28	19	97	∨
	석탄 탄질 차이	계량	49	26	18	93	∨
	친환경 연료 도입 노력도	비계량	43	28	19	90	∨
	친환경 탄질 종합지수	계량	45	22	14	81	
조달 경제성 제고	LNG 구매단가 절감률	계량	49	26	20	95	
	체선료 절감액	계량	48	27	18	93	∨
	LNG 수송 운임 절감액	계량	46	25	19	90	∨
	연료구매 위험관리	비계량	44	20	15	79	
수급 안정화	상급 원유 도입 비율	계량	48	27	19	94	∨
	안전재고 일수 확보 비율	계량	46	27	18	91	∨
	관계사 상생협력 강화	비계량	44	29	17	90	∨
	수급 공조 물량	계량	45	28	13	86	

* 지표적정성: SMART(50), 사회적 가치(30), 전략 연계(20)
** 선정기준: 90점 이상 선정

⑤ 5단계: 성과지표 적합성 검증

성과지표 적합성 검증은 SMART 기법을 활용해 점검된 지표에 대해 최종적으로 조정하고 확정하는 단계다. 이 과정에서는 지표 간 중복이나 충돌을 제거하고, 객관성과 대표성을 강화한다.

첫째, 성과지표 조정

성과지표의 중복 여부나 상충 여부를 자세히 검토하여, 유사한 지표는 통합하고, 상반되거나 불필요한 지표를 제거한다. 목표 달성을 위해 여러 부서가 협력해야 하는 경우, 부서별 책임 범위를 명확히 구분한다. 지표를 운영하는 데 소요 되는 비용과 기대되는 효과를 비교해 실효성을 검토하고, 지표의 채택 여부를 결정한다.

둘째, 지표구성의 적정성 검증

지표의 정의와 산출식이 명확하고 객관적인지 한 번 더 검토한다. 지표가 공정하게 성과를 평가할 수 있는지, 정부정책이나 중장기전략, 사회적 이슈와의 연계성이 충분한지도 살펴본다. 해당 지표가 기관의 임무(미션)를 반영하고 주요사업 성과를 제대로 대변하는지도 확인한다.

셋째, 성과지표 확정

최종적으로 성과지표를 확정할 때는 다음의 원칙을 우선하여 고려한다.

- '계량지표' 우선 선정

객관적으로 성과 수준을 측정할 수 있도록 계량지표를 먼저 선정한다. 산출식은 구체적이고 명확해야 하며, 누구나 신뢰할 수 있는 데이터와 통계정보를 사용한다.

- '결과지표' 우선 선정

  사업의 최종 성과를 평가할 수 있는 결과지표를 먼저 선정한다. 결과지표는 사업의 궁극적인 효과를 보여줄 수 있는 가장 중요한 지표이기 때문이다.

- '대표지표' 우선 선정

  주요사업의 목표 달성 여부와 진행 상황을 대표적으로 보여줄 수 있는 지표를 먼저 선정한다. 사업의 핵심 성과와 연계된 대표성 있는 지표를 선정하는 것이 바람직하다.

Check point
- 성과지표 간 중복이나 상충은 없는가?
- 지표의 산출식, 측정 기간, 범위, 단위가 명확한가?
- 계량지표로서 산출식이 구체적이며, 객관적 검증이 가능한가?
- 사업의 궁극적인 목적을 반영한 결과지표인가?
- 주요 성과와 연계된 대표성을 갖춘 지표인가?

ⓖ 6단계: 성과지표 목표설정

성과지표 목표설정은 성과평가에서 가장 핵심적인 단계다. 이 단계에서는 확정된 성과지표에 대해 달성해야 할 구체적인 목표를 설정한다. 목표설정은 경영평가 편람의 기준과 절차에 따르며, 공공기관 유형에 따라 적용 방식이 달라진다.

첫째, 공기업, 준정부기관, 기타공공기관

공기업과 준정부기관은 기획재정부의 경영평가 편람에 따라 성과목표를 설정한다. 기타공공기관도 2013년 '공공기관 정상화 대책' 이후 대부분 이 기준을 준용하고 있다. 주요 원칙은 계량지표와 비계량지표를 구분하여 적용한다.

비계량지표는 기본적으로 C등급(보통)을 중심으로 A부터 E까지 5개 등급으로 나눈다. 성과가 우수하면 +점수, 부족하면 -점수를 적용하여 총 9등급으로 평가한다.

계량지표는 아래 일곱 가지 방법 중에서 하나를 활용해 목표를 설정한다. 기관 설립 후 3년이 안 된 경우 등 예외적인 상황에서는 다른 방식을 적용할 수 있다.

〈표 24〉 계량지표 평가방법

방법	평가 개요
목표부여 (편차)	5년간 실적의 표준편차를 활용해 최고목표와 최저목표를 설정한다. 당해 실적이 이 구간에서 어느 정도인지 비율로 평가한다.
목표부여	기준치에 일정 비율을 더하거나 빼서 최고목표와 최저목표를 설정한다. 실적이 해당 범위 내 어느 위치에 있는지로 평가한다.
글로벌실적 비교	글로벌 우수기업의 실적이나 세계 수준과의 격차를 기준으로 목표치를 설정하고, 실적을 비교해 평가한다.
중장기 목표부여	정부 중장기 계획이나 선진국 수준을 반영해 장기적 목표를 설정하고, 단기목표를 연도별로 설정한다.
β분포	과거 실적 중 최상·최하·직전년도 실적을 반영해 기준치와 표준편차를 설정하고, 실적이 분포 내 어느 위치인지 평가한다.
추세치	회귀분석을 활용, 표준치와 표준편차를 구하고, 실적치가 표준치로부터 어떤 확률범위 내에 있는지 평가한다.
목표대 실적	실적과 목표의 비율을 기준으로 평가하며, 다른 방식이 어려운 경우 사용한다.

A. 목표부여(편차)

목표부여(편차) 방법은 과거 실적 데이터를 활용해 합리적이면서도 도전적인 목표를 설정하는 방식이다. 이 방법은 기관의 과거 5개년 표준편차를 가감하여 최고목표와 최저목표를 계산한다. 평가점수는 100점을 넘거나 20점보다 낮지 않도록 설정되어 있다.

기관의 조직 및 사업구조가 바뀌어 과거 5년 데이터를 적용하기 어려운 경우에는 3년 또는 4년 데이터를 사용할 수 있다.

- 기준치 설정 방법
  - 상향지표: 최근 실적이 클수록 좋은 경우를 말하며, 기준치는 '직전년도 실적'과 '직전 3년 평균 실적' 중 큰 값으로 설정한다.
  - 하향지표: 실적이 작을수록 좋은 경우이며, 기준치는 '직전년도 실적'과 '직전 3년 평균 실적' 중 작은 값으로 정한다.
  - 동일한 회계기준으로 3개년 실적이 없으면 2개년 평균을 사용할 수 있다.

- 목표치 계산 방법
  - 상향목표
    최고목표: 기준치+(1×표준편차)
    최저목표: 기준치-(2×표준편차)
  - 하향목표
    최고목표: 기준치-(1×표준편차)
    최저목표: 기준치+(2×표준편차)

- 주요사업의 경우에는 최고와 최저목표를 기준치±(2×표준편차)로 설정한다.

- 평점 계산 공식

  성과에 따라 점수를 계산하며, 공식은 다음과 같다.

  평점 = 20+{80×(실적-최저목표)÷(최고목표-최저목표)}

《사례》 지방공항 활성화 지표 [평가방식: 목표부여(편차), 가중치 2점]

지표정의	• 김포·김해·제주공항을 제외한 지방공항의 여객수, 수익 향상 수준 평가를 통해 지방공항 활성화 노력을 평가한다(상향지표).
기준치	• 전년도 실적과 직전 3개년 평균 실적 중 높은 실적(①, ② 각각 해당)
목 표	• 최고목표: 기준치+2×표준편차(과거 5개년) • 최저목표: 기준치-2×표준편차(과거 5개년) ※ ①, ② 각각 해당
평가방식	• 목표부여(편차)
측정 산식 및 변수	• 지방공항 활성화 = 여객수(1점), 수익(1점) 각각 계산 후 합산 평가한다. ① 여객수: 김포, 김해, 제주공항을 제외한 모든 공항의 국내·국제선 여객수 합계 ② 수익: 대상 공항의 손익계산서 매출액 항목 중 공항·시설이용·임대·기타수익 합계

출처: 2024년도 공공기관 경영평가 편람, 한국공항공사

B. 목표부여

목표부여 방식은 과거 실적이 3년 미만이거나 실적의 변동 폭이 지나치게 커서 편차방식 적용이 어려운 경우에 사용하는 방법이다. 실적의 특성을 고려하여 기준치에 일정한 비율을 곱해 최고목표와

최저목표를 설정한다.

- 기준치 설정 방법
  - 상향지표: '직전년도 실적'과 '직전 3년 평균 실적' 중 큰 값을 기준치로 사용한다.
  - 하향지표: '직전년도 실적'과 '직전 3년 평균 실적' 중 작은 값을 기준치로 사용한다.

- 목표치 계산 방법
  - 상향목표
    최고목표: 기준치×110%
    최저목표: 기준치×80%
  - 하향목표
    최고목표: 기준치×90%
    최저목표: 기준치×120%
  - 주요사업의 경우 상향지표는 최고목표 120%, 하향지표는 최고목표 80%를 적용한다.

- 평점 계산 공식: 목표부여(편차) 방식과 동일

<사례> 생산부문 에너지절약 [평가방식: 목표부여, 가중치 2점]

지표 정의	• 생산시설의 효율적 운영을 통해 에너지 사용 효율을 높이고 에너지절약 노력을 평가한다(상향지표).
기준치	• 전년도 실적과 직전 3개년 평균 실적 중 높은 실적
목표 (달성도)	• 최고목표: 기준치 120%, 복합발전설비 설계효율[동탄CHP 81.74%]을 초과하지 않음 • 최저목표: 기준치 80%
평가 방식	• 목표부여

측정 산식 및 변수	• 에너지효율지수 달성도 = 에너지 생산량/연료투입량
	  ① 자체CHP 에너지 생산량(Gcal) = 열생산량+(전기생산량×0.86)
	  ② 자체CHP 연료투입량(Gcal) = 연료투입량×연료별 발열량
	
	※ 산출시 고려사항
	  - 연료투입량 및 에너지생산량은 KIOC시스템 운영실적 자료 활용
	  - 전기 → 열 환산계수는 0.86 적용
	  - 연료별 발열량 적용: 천연가스(한국가스공사 및 도시가스 공급실적 자료적용)
	    유류, 우드칩, 바이오가스(공인인증기관 성분분석 실적)

출처: 2024년도 공공기관 경영평가 편람, 한국지역난방공사

C. 글로벌 실적비교

글로벌 실적 비교는 국제적으로 공인된 기관에 의해 인증된 성과나 글로벌 우수기업의 실적과 비교해 목표를 설정하는 방법이다. 이 방식은 기관의 성과를 국제 수준과의 격차로 평가할 수 있어, 국제경쟁력을 측정할 때 유용하다.

• 목표치 계산 방법
  최고목표: 글로벌 우수기업의 최상위 실적치
  최저목표: 글로벌 우수기업의 평균 실적치

- 평점 계산 공식:

  20+{80×(실적-최저목표)÷(최고목표-최저목표)}

《사례》 수요예측 오차율 글로벌 경쟁력 강화 [평가방식: 글로벌실적비교, 가중치 6점]

지표 정의	• 수요예측 오차율 수준을 글로벌 TOP 실적과 비교하여, 전력계통 운영의 경제성, 안정성 제고를 위한 정교한 전력수요 예측 노력을 평가한다(하향지표).
평가 방식	• 글로벌실적비교
산식	• 20+80×(실적-최저목표)/(최고목표-최저목표)
목표	• 최고목표: 비교대상기관의 연평균 Peak Error(%) 중 가장 낮은 실적 • 최저목표: 비교대상기관의 연평균 Peak Error(%) 실적 평균
측정 산식	• 수요예측 오차율 = 일별 최대수요실적 대비 해당 시간대 수요예측값의 연평균 오차율 $= \Sigma \left(\dfrac{|\text{최대수요실적} - \text{수요예측값}|}{\text{최대수요실적}} \right) / \text{연간일수}$ ① 최대수요실적은 계통운영시스템(EMS) 등록 일별 최대수요실적 적용 ② 수요예측값은 전력거래시스템(E-powermarket)에 등록된 수요예측값 적용 ※ 산출시 고려사항 - 연평균 Peak Error : 일별 최대수요실적 대비 예측 오차율 평균 - 비교대상기관: 미국 전력계통 운영기관(PJM, ERCOT, CAISO) - 글로벌 실적은 비교대상기관 공표 공식통계리포트자료 중 최신통계사용

출처: 2024년도 공공기관 경영평가 편람, 전력거래소

D. 중장기목표부여

중장기목표부여는 장기적인 성과관리를 위해 사용하는 방법이다. 정부의 중장기 계획이나 선진국 수준과 비교하여 공공서비스 개선이 필요한 경우에 활용된다. 장기 추세선으로 설정한 목표를 연도별로 나누어 목표를 만들고, 이행 실적과 비교해 성과를 평가한다.

- 목표치 계산 방법
  - 성과목표의 바람직한 수준과 목표 달성 연도를 정한 후, 장기 추세선을 설정한다.
  - 장기 추세선 상의 기준치에 일정수준을 더하거나 빼서 최고와 최저목표를 정한다.

  최고목표: 기준치+2×단위목표, 최저목표: 기준치-2×단위목표

- 평점 계산 공식:

$$20점 + 80점 \times [(\frac{실적 - 최저목표}{최고목표 - 최저목표}) \times a + (\frac{실적(최근3년평균) - 최저목표(최근3년평균)}{최고목표(최근3년평균) - 최저목표(최근3년평균)}) \times (1-a)]$$

〈사례〉 친환경제품 보급 성과 [평가방식: 중장기목표부여, 가중치 5점]

지표정의	• 공공, 민간부문의 친환경제품 거래액을 통해 친환경제품 보급 확대에 대한 성과를 평가한다(상향지표).
기준치	• 장기 추세선 상의 직전년도 목표치 ※ 환경부 제4차 녹색제품 구매촉진 기본계획(2021~2025)
목표	• 최고목표: 기준치+2×단위목표 • 최저목표: 기준치-2×단위목표
평가방법	$20점+80점 \times [(\frac{실적 - 최저목표}{최고목표 - 최저목표}) \times 0.5 + (\frac{실적(최근3년평균) - 최저목표(최근3년평균)}{최고목표(최근3년평균) - 최저목표(최근3년평균)}) \times 0.5]$
측정산식	• 친환경제품 보급성과 = 공공부문 거래액+민간부문 거래액 ① 공공부문 거래액: 당해연도 1월 1일부터 12월 31일까지 공공기관 구매실적 ※ 조달청 나라장터시스템과 연계된 녹색구매정보시스템에서 자동 집계 ② 민간부문 거래액: 친환경 기술지원을 받은 민간기업 친환경제품 거래실적

출처: 2024년도 공공기관 경영평가 편람, 한국환경산업기술원

E. 추세치

추세치 방식은 과거 실적자료를 바탕으로 회귀분석을 통해 기준치와 표준편차를 구하고, 이를 활용해 성과를 평가하는 방법이다. 성과의 과거 추세를 반영하면서도 미래 목표 달성 가능성을 함께 평가할 수 있는 것이 특징이다.

- 기준치 설정 방법
  - 회귀분석을 통해 산출된 계수(a, b)를 이용해 기준치를 계산한다.
  - 기준치 $Y_s = a+bX_p$
    * a, b는 회귀분석 결과에 의한 모수(parameter) 추정치임

- 평점 계산 공식
  - 기본득점은 20점이며, 최고 100점, 최저 20점으로 설정한다.
    평점 = 20+80×추세치 방법으로 계산한 득점(백분율*)
    * 추세치 방법에 따른 득점(백분율)의 계산 방법은 경영평가 편람 참조

F. β분포

β분포 방식은 과거 실적 데이터를 기반으로 성과의 확률 분포를 설정하고, 이를 활용해 평가하는 방법이다. 성과가 일정한 범위 안에서 어떻게 분포되어 있는지를 바탕으로 기준치를 정하고, 실적의 상대적 위치를 평가한다.

- 기준치 설정 방법
  - 과거 실적 데이터 중 최상위 실적, 직전년도 실적, 최하위 실적 기반 산정.
  - 기준치 = (최상위 실적치+4×직전년도 실적치+최하위 실적치)÷6

- 목표치 계산 방법
  - 최고목표: 기준치+1.965×표준편차
  - 최저목표: 기준치-1.965×표준편차
  ※ 1.965는 정규분포에서 약 95% 구간을 의미한다.

- 평점 계산 공식
  - 기준치 및 표준편차 계산을 제외한 평점 계산은 추세치 평가를 준용한다.
  - 표준편차 계산은 과거 실적 데이터의 변동 폭을 기반으로 설정한다.

《사례》 MICE참가 외래관광객 유치실적 [평가방식: β분포, 가중치 2점]

지표정의	• 글로벌 마케팅을 통한 MICE 참가 외래관광객 유치를 확대함으로써 관광수입 증대, 경제적 부가가치 창출에 기여한 노력을 평가한다(상향지표).
기준치	• (과거실적 중 최상위실적치+4×직전년도실적치+과거실적 중 최하위 실적)/6
목표	• 최고목표: 기준치+1.965×표준편차 • 최저목표: 기준치-1.965×표준편차
측정 산식	• 유치실적=국제회의 참가외래객 수+인센티브 관광객 외래객 실적 ① 국제회의 참가 외래관광객 수 = 공사 유치지원 국제회의 참가외래관광객 수 ② 인센티브 관광 외래관광객 수 = 공사 유치지원 인센티브관광 외래관광객 수

측정산식	※ 산출시 고려사항 - 국제회의 참가 외래관광객 수: 최소 2일 이상 국제회의 참가 외국인(수) - 인센티브 관광 외래관광객 수: TMS 시스템 집계

출처: 2024년도 공공기관 경영평가 편람, 한국관광공사

G. 목표대 실적

목표대 실적 방식은 다른 평가방식(예: 편차, 추세치, β분포 등)을 적용하기 어려운 경우 사용하는 방법이다. 이 방식은 목표 달성률을 중심으로 성과를 평가하며, 실적이 목표에 얼마나 가까운지를 수치로 계산한다.

- 목표치 계산 방법
  - 목표달성도 = 실적/목표×100

- 평점 계산 공식
  - 상향목표: 20+80×Y(목표달성도)
  - 하향목표: 20+80×1/Y(목표달성도)

⟨사례⟩ 해양오염사고 저감 성과 [평가방식: 목표대실적, 가중치 4점]

지표정의	• '부주의'로 발생하는 해양오염사고 저감 노력을 평가한다(하향지표).
목표	• 36%(해양경찰청 목표의 90%)
측정산식	• 저감 성과 = '부주의' 해양오염 사고율(%) ① 사고율(%) = ('부주의'에 의한 사고건수/전체 해양오염사고건수)×100 ※ 자료기준: 해양경찰청 통계(해경백서, 해양오염방제국 연간통계자료)에 의한 '부주의 해양오염사고 건수' 및 '전체 해양오염사고 건수'로 함

출처: 2024년도 공공기관 경영평가 편람, 해양환경공단

둘째, 지방공기업

지방공기업은 '지방공기업 경영평가 편람'에 따라 성과지표의 목표를 설정한다. 정성(비계량)지표는 절대평가 방식으로 평가되며, 우수에서 매우 미흡까지 5단계 기준에 따라 점수를 부여한다. 방식은 기관의 조직과 인력 규모 등 경영 여건을 고려하여 평점을 부여한다. 각 세부평가내용에 대하여 개별적으로 절대평가를 적용해 득점을 구한 후, 항목별 득점을 합산해 총득점을 계산한다. 필요시 전체 세부평가내용에 대해 통합적으로 평가할 수도 있다. 가점은 해당 지표의 배점 내에서 부여하되, 별도의 기준이 있으면 그에 따른다.

〈표 25〉 정성(비계량)지표 평가기준

구분	평점	평가기준
우수	90점 이상~100점 이하	평가지표 요구사항을 충분히 만족하는 경우
양호	85점 이상~90점 미만	평가지표 요구사항을 대체로 만족하는 경우
보통	80점 이상~85점 미만	평가지표 요구사항을 다소 만족하는 경우
미흡	75점 이상~80점 미만	평가지표 요구사항에 미흡한 경우
매우미흡	75점 미만	평가지표 요구사항에 없거나 충족하지 못한 경우

정량(계량)지표는 과거 실적과 추세를 바탕으로 기준 목표에 따른 달성도를 평가한다. 기관 간 형평성을 고려하여 평가 군별 동일한 지표에 대해서는 특별한 사유가 없는 한 같은 평가 방법을 적용한다. 가점부여, 평점계산, 목표부여, 개선도, 가중치 등에 대해 지표정의서에 별도로 명시된 경우는 그에 따른다.

평가는 기관이 제시한 목표대 실적, 목표부여(A), 목표부여(B), 목표부여(편차), 단계별 평가 등 다섯 가지 방법 중에서 지표 성격에 가장 적합한 방법을 선택하여 평가한다.

A. 목표대 실적
- 목표달성도: 기관이 제시한 목표를 근거로 계산
  - 목표달성도(Y) = 실적/목표
- 평점계산: 목표달성도가 높을수록 좋은 상향지표와 반대 경우인 하향지표로 구분 계산
  - 상향지표: 목표달성도(Y)×100점
  - 하향지표: (1/목표달성도(Y))×100점

B. 목표부여(A)
- 목표부여
  - 상향지표: 최고목표 = 기준치×110%, 최저목표 = 기준치×50%
- 목표달성도: 지표에 부여된 최고·최저목표를 기준으로 목표달성도 계산
  - 목표달성도(Y) = (실적-최저목표)/(최고목표-최저목표)
- 평점계산: 상·하한치가 100점을 초과하거나 0점에 미달하지 않도록 계산
  - 평점 = 목표달성도(Y)×100점
  - 하향지표: 최고목표 = 기준치×90%, 최저목표 = 기준치×150%

C. 목표부여(B)
- 평가방식
  - 목표달성도(60%)와 개선도(40%) 동시 평가(특성에 따라 가중치 조정 가능)
  - 개선도는 기준치에 일정 비율을 곱한 값을 목표로 부여한 후, 목표부여(A) 방식으로 평가
- 평점계산
  - 평점 = 목표달성도×0.6+개선도×0.4
  - 목표달성도 = (실적-최저목표)/(최고목표-최저목표)×100
  - 개선도 = ((실적-기준치)×50%)/((기준치×110%)-(기준치×50%))×100

D. 목표부여(편차)
- 목표부여: 기준치에 일정 배수의 표준편차를 가감하여 최고·최저목표 산출

목표유형	상향지표	하향지표
최고목표	기준치+1×표준편차	기준치-1×표준편차
최저목표	기준치-2×표준편차	기준치+2×표준편차

- 목표달성도 및 평점계산: 목표부여(A) 방식으로 계산
- 극단치 처리
  - 표준편차는 과거 5년 실적 중에서 극단치를 제거한 후의 자료를 사용하여 산정
  - 극단치란 과거 4년간(해당 실적 제외) 평균 대비 ±3 표준편차 이상인 경우

E. 단계별 평가

지표별로 발생 가능 실적에 따라 단계를 구분하여, 단계별로 평가점수를 부여한다. '정부권장정책준수' 등과 같이 그 시행 여부를 기준으로 명확히 평가할 수 있는 경우에 적용하며, 구체적인 기준은 지표정의서에 따른다.

정량(계량) 지표를 평가하면서 당해연도 실적이 없는 경우에는 제한적으로 '목표대 실적' 방식을 적용한다. 이때는 기관이 연초에 수립한 계획 및 예산상 목표치와 부합 정도, 조직원 의견수렴, 중장기 경영계획과 같은 상위계획과의 연계성 등 절차적 합리성을 종합적으로 검토한 후 적용한다. 또한 정부부처 실적은 해당 부처에서 인정한 실적으로만 인정하고 있다.

Check point
- 목표설정에 대한 논리적 근거가 있는가?
- 조직의 능력과 환경을 고려하면서도 도전적인 수준인가?
- 성과측정을 위한 명확한 단위와 범위가 있는가?
- 최고·최저목표가 지표 유형에 맞게 일관되게 설정되었는가?
- 중장기전략, 국정과제 등과 연계된 목표인가?

⑦ 7단계: 성과지표 상세화

성과지표를 최종적으로 확정하고 목표가 설정되었으면, 지표를 더 구체화하고 어떻게 관리할지를 정하는 작업이 필요하다. 상세화된 성과정보를 통해 조직의 성과를 정확히 파악하고, 필요한 대응책을 마련할 수 있다.

첫째, 지표의 구성항목

성과지표의 기본적인 항목을 구체화하여 체계적으로 정리한다.

- 사업명: 지표가 속한 사업의 명칭
- 성과지표: 측정하려는 핵심 성과지표
- 지표유형: 투입, 과정, 산출, 결과지표 및 계량, 비계량지표
- 지표정의: 지표의 개념, 의미, 내용, 범위
- 측정대상: 무엇을 측정할 것인지 구체적으로 설명
- 지표산식: 성과를 수치로 계산하는 산출식
- 평가방법: 성과를 평가하는 구체적인 방식

둘째, 목표수준 적정성

설정된 목표가 적정한지에 대한 타당성과 도전성을 점검한다.

- 실적추이: 최근 5년 실적을 분석해 목표설정 근거 마련
- 목표설정: 과거보다 도전적이면서도 실현 가능한 목표설정
- 사업여건: 사업수행에 영향을 줄 수 있는 환경과 여건 확인
- 목표의 도전성: 쉬운 목표가 아니라, 성과를 독려할 수 있는 수준인지 검토

셋째, 측정데이터 신뢰성

신뢰성을 보장하기 위해 측정하는 데이터의 정확성을 검토한다.

- 측정방법: 데이터를 수집하고 분석하는 구체적인 방법
- 측정항목: 성과측정을 위해 필요한 세부 항목
- 데이터 출처: 공신력 있는 기관 또는 시스템 제공자료 여부 확인

넷째, 중장기 목표와의 연계성

기관의 중장기 계획이나 정부정책과 잘 연결되어 있는지 확인한다.

- 중장기 경영목표: 기관의 중장기전략과의 정합성
- 국정과제: 정부 국정과제 및 정책 방향과의 연계성
- 성과목표: 전략목표를 달성하기 위한 성과목표와의 연계성

다섯째, 지표관리 방안

성과지표 확정 후에는 관리 방안을 수립해 지속적인 관리체계를 구축한다.

- 관리부서: 부서 간 역할 등 지표관리 책임소재 명확화
- 관리주기: 데이터 분석 주기(월, 분기, 반기, 연)
- 조직평가 연계: 내부 조직평가 KPI로 지정
- 문서화: 데이터 수집과 관리에 대한 절차 마련
- 변화관리: 조직개편, 정책변화에 따라 지표 수정 방안 마련

성과지표를 상세화하면, 관리가 보다 체계적이고 효율적이다. 신뢰할 수 있는 평가와 목표 달성에도 도움이 된다. 지표를 잘 정의하고, 목표설정부터 데이터 수집, 전략 연계까지 세밀하게 관리하는 것이 중요하다.

Check point
- 핵심 성과지표를 어떤 기준으로 상세화하는가?
- 성과를 측정할 때 사용할 데이터는 무엇인가?
- 성과지표는 어느 부서가 책임지고 관리하는가?
- 지표는 어떻게 관리되고 운영되는가?
- 추후 성과지표 수정은 가능한가? 절차가 어떻게 되는가?

≪사례≫

사업명	항만운영사업					
성과지표	항만기능 다양화 성과		지표유형	결과지표(계량지표)		
지표정의	항만기능 다양화에 따른 A항 이용 여객과 컨벤션 이용객의 유치 성과 평가(상향지표)		측정 대상	・국제크루즈선 이용객 수 ・국제여객선이용객 수 ・전시회 이용객수		
지표산식	(국제크루즈선 이용객 수+국제여객선 이용객 수) ×0.8+(전시회 이용객 수)×0.2		평가 방법	목표부여(편차)		
실적추이 (최근 5년 실적분석)	과거 5개년 실적(명)					
	구분	Y-5	Y-4	Y-3	Y-2	Y-1년
	국제크루즈선 이용여객수	249,767	163,069	572,559	173,165	138,865
	국제여객선 이용객수	999,907	1,129,883	1,204,734	1,404,290	1,432,455
	국제여객 수(계)	1,249,674	1,292,952	1,777,293	1,577,455	1,571,320
	전시회 이용객 수	-	개장	124,755	193,168	263,811
목표설정	・(기준치) 전년도 실적과 직전 3개년 평균 중 높은 실적 ・(목표치) 최고: 기준치+2×표준편차(과거5개년) 　　　　　최저: 기준치-2×표준편차(과거5개년)					
	구분		기준치	Y년 목표	전년대비	
	국제크루즈선 및 국제여객선 이용객 수(명)		1,642,023	2,035,279	29.53% ↑	
	전시회 이용객 수(명)		263,811	316,573	20.00% ↑	
사업여건	・크루즈 선박의 80% 이상이 중국 점유, 의존도 탈피 및 다각화 노력 ・수출규제 등 한일관계 악화로 일본노선 국제여객선 장기 휴항 ・반일 감정 확산으로 국내 탑승객 감소 추세 확대 ・타 전시회와 행사유치 경쟁 치열로 홍보 전략 다변화 필요					
목표의 도전성	・한한령, 일본 수출규제 등 통제 불가 환경변화로 지표난이도 급상승 　→ 해외 크루즈 마케팅, 서비스 개선 등 적극 대응 필요 ・전시회 이용객 수는 정체 중이나 전년 대비 20% 상향 목표설정 　→ 국내·외 로드쇼 마케팅, 해양·항만행사 타깃 유치 등 전략 추진					
측정방법	・국가통계 및 법정 제출자료 기반					
측정항목	・A항 이용여객 수, 전시회 이용객 수					
데이터 출처	・한국해운조합, 법무부, 통계청 ・해양수산부에 제출한 항만법 근거자료					
중장기 경영목표	・해양 관광객 1,000만명 유치					
국정과제 (정부정책)	・내 삶을 책임지는 국가 - 관광복지 확대, 관광산업 활성화					
성과목표	・해양관광 및 항만 연관 산업 육성					
지표관리 방안	・관리부서 ・관리주기 ・조직평가 연계, 문서화, 변화관리					

3. 성과지표 사례

(1) 미국의 성과지표 사례

전략목표	성과목표	성과지표
□ 정보통신청		
경제를 효율적이고 공정하게 운영하게 할 정보 및 정책 기본구조 (framework) 의 제공	정보통신 부문의 경쟁을 촉진하며 자국민이 정보통신 서비스를 보편적으로 이용하도록 촉진	신기술 도입에 대한 정책의 기본구조 제공 여부
		Policy customer survey(정보통신청)의 정책 관련 활동에 대한 정부기관 고객 조사의 수
	전파 스펙트럼(radio spectrum)의 할당이 모든 사람에게 최대 혜택을 주도록 함	주파수 할당 처리의 적시성
		스펙트럼 요청이 온라인으로 처리된 비율
		정부기관의 스펙트럼 할당 요청 시 완전성(completeness) 및 정확성(accuracy)의 비율
		스펙트럼 관리 교육과정에 대한 고객(연방 스펙트럼 관리자 및 외국 정부기관의 대표) 만족율
□ 특허청		
혁신 인프라를 구축하여 경쟁력을 강화한다.	민첩성(Agility): 민첩한 조직을 구성하여 21세기 경제에 대처한다.	특허출원이 전자적으로 접수된 비율(특허, 상표)
		특허출원이 전자적으로 처리된 비율(특허, 상표)
	능력(Capability): 인력과 절차를 개선하여 특허심사 결정의 질을 제고한다.	에러율(error rate: 잘못된 심사결정)의 감소율
		특허의 질과 관련한 내부평가(internal quality review) 여부
		특허심사관의 자격심사 여부
		특허심사관의 자격재심사 여부
		1차 대기기간(출원일~1차 심사통지를 받은 날)의 평균 개월 수

	생산성(Productivity): 집중적인 심사를 통하여 처리시간을 단축한다.	총심사 대기기간(출원일~최종 통지의 날)의 평균개월수
		효율성: 특허, 상표의 심사 및 기타 절차에 투입된 총비용/성과(처리건수)
		생산성: 특허, 상표처리건수/투입된 노동시간

☐ 관세청

불법마약 및 불법자금의 국내 반입과 관련하여 철저한 조사를 한다.	전 세계 범죄집단에서 반입되는 불법자금을 차단하기 위한 국내외 노력을 강화한다.	압수된 화폐이외의 자산(부동산, 보석 등)의 가치(단위: 백만 달러)
		압수된 화폐(통화, 은행예금, 여행자수표 등)의 가치(단위: 백만 달러)
	세관법규를 강화함으로써 범죄를 감소시키고 궁극적으로 자국의 안전에 기여한다.	불법출국 검거 건수

전략목표	성과목표	성과지표

☐ 교통부

전략목표	성과목표	성과지표
안전: 교통 관련 사망·사고를 제거하여 공중 위생과 안전을 촉진	간선도로에서의 안전	
	차량 주행거리 1억 마일당 간선도로 사망률을 1.7%에서 1.0 %로 감소	차량 주행거리 1억 마일당 사망률
	트럭 주행거리 1억 마일당 대형트럭으로 인한 사망률을 2.8%에서 1.65%로 감소	트럭 주행거리 1억 마일당 대형트럭을 포함하는 사망률
	항공에서의 안전	
	상업항공기의 10만 번 착륙당 사망 사고율을 80% 감소	미국 상업항공기 10만 번 착륙 당 사망사고율
		일반항공기의 사망 사고 수
	열차 100만 마일당 철도사건·사고를 20% 감소	열차 100만 마일당 열차와 철도에서의 사고율
	대중교통에서의 안전	
	대중교통 사망률 감소	승객 이용 주행거리 1억 마일당 대중교통 사망률
	배관망(파이프라인)에서의 안전	
	관로 수송 중 일어나는 사고를 매년 5% 감소	천연가스와 유해액체 수송 중 일어나는 사고 수
	유해물 수송에서의 안전	
	2005년까지 유해물 수송중 일어나는 교통사고 10% 감소	심각한 유해물 수송 중 일어나는 교통사고의 수
인간과 자연 환경:운송수단에 의해 영향을 받은 사회와 자연환경을 보호·강화	도로교통프로젝트에 의해 없어진 습지대 대체지 조성	법수정 및 재수권법(Superfund Amendments and Reauthorization Act)하에 NFRAP로 분류된 교통부 시설의 비율
	도로의 이동오염원배출을 20% 감소	교통수단의 오염원 배출 적합성이 결여된 다수 지역의 12개월 이동평균

		파이프라인해양유출 사고를 지난 5년의 평균 배출율로부터 30% 감소	파이프라인을 통한 해양거리 100만 톤 마일 당 배출된 유해액체물의 양(ton)
		주거이동이 필요한 심각한 항공기 소음에 노출된 62,500명을 감소	미국에서 천명당 심각한 항공기 소음에 노출된 사람 수(주야 등 가소음도; Day/Night Average Sound Level)가 65데시벨 이상)

전략목표		성과목표	성과지표
☐ 환경부			
농약으로 인한 공공 및 생태계 위험 감소		농림부, 대학, 이해 관계자 등과의 농업 협력	농업 협력에 관한 시범프로젝트의 수
			고위험 농약에서 효과적 해충 관리실행으로의 성공적 이행의 수
		지하수 보호	지하수를 보호하기 위한 고침출 및 영속성 농약의 수
		멸종위기의 종(endangered species)에 대한 위험 감소	멸종위기 우선순위에 속한 종의 수
		야생동물 사고 발생 및 사망 감소	보고된 사고 발생의 감소율(조류와 어류의 사망포함)
납과 독성 화학물질로 인한 위험 감소		납에 대한 규제적 표준 설정	납에 대한 유해 표준기준의 수
		폴리염화비닐(polychlorinated biphenyls; PCB) 처리 안전	변압기의 처리율
			콘덴서의 처리율
			대량 폐기물의 처리량
		주택, 다리 및 건축의 납 제거에서 납 배출 감소	건물 및 초고층 건축물 규정의 수
			개조 및 보수 규정의 수
☐ 보훈부			
퇴역군인이 조국을 위해 받친 희생에 대해 생전에는 경의를 표하고 사후에는 숭고한 뜻을 기린다.		퇴역군인이 최상의 진료를 편리하게 적시에 이용할 수 있도록 함으로써 퇴역군인의 건강을 증진 시킨다.	만성질병 치료지수 II (CDCI II)
			예방지수 II (PL II)
			신규환자(new patient)가 1차 진료 기관에서 예약을 확정받는데 소요되는 평균 대기시간
			특수진료 기관에서 재진을 예약할 때 소요되는 평균 대기시간
			보훈부(Veterans Administration)·주정부·지역단체에서 운영하는 노인전문요양시설(nursing home)의 수 및 시설 외의 장기요양수
		연금을 적시에 정확하게 지급하여 퇴역군인 및 유족이 생활수준을 개선하고 품위를 유지할 수 있도록 한다.	혼재 되어있는 연금 납입과 지급 처리의 분리 운영 여부

퇴역군인이 조국을 위해 받친 희생에 대해 생전에는 경의를 표하고 사후에는 숭고한 뜻을 기린다.	보험가입자와 수혜자에게 최상의 서비스를 제공하여 퇴역군인가족의 재정적 안정을 돕는다.	보험 지급을 처리하는데 소요되는 평균 일수
	퇴역군인과 가족이 요구하는 장례식을 제공한다.	퇴역군인이 자신의 거주지로부터 합당한 거리(75 마일)안에 원하는 장례를 치룰 수 있게 하는 비율
		국립묘지 직원이 제공한 서비스가 훌륭하다고 답한 응답자 수
	빠른 시일 내에 정확한 비문을 새긴다.	매장 후 60일 이내에 비문이 새겨진 국립묘지의 무덤 비율

전략목표	성과목표	성과지표
□ 교육부		
성취문화창조: 대통령이 내세운 교육 슬로건인 "No Child Left Behind"를 효과적으로 이행하고 모든 연방 교육 프로그램을 네 가지원칙 (책임성, 유연성, 학부모의선택권 확대, 실행성)에 입각하여 운영함으로써 교육 전반에 걸쳐 성취문화를 창출한다.	연방 교육 교부금을 성과와 연계시킴(결과에 따른 책임규명 강화)	완벽한 학교책임제도(School Accountability System)를 구비한 주의 비율
		사업평가기법(PART)으로 검토된 사업 비율
		사업평가기법(PART)으로 검토된 사업의 해당금액 비율
	유연성과 지역자치의 증가	지역유연성을 활성화하고 있는 지역교육 위원회(school districts)의 비율
		자율권을 부여받은 주의 개수
		자율권을 부여받은 지역교육당국(LEAs) 비율
		예산처(OMB)가 부처의 사업정보를 수집하는 데 소요되는 시간
		당국의 고객서비스에 만족하는 department grantee의 비율
	학부모 선택권의 확대	자녀가 다니는 학교의 유효성을 평가하기 위하여 정보를 요청하는 학부모의 비율
		부모가 선택한 학교에 다니는 k-12학년 학생비율
		"독립된 공립학교(charter school)"에 다니는 학생수
		빈곤가정자녀교육프로그램(ESEA Title I)의 혜택을 받는 학생 비율
	과학적으로 검증된 교육방법 장려	WWC(What Works Clearinghouse) 웹 사이트 접속회수
□ 해양대기청		
	"지속 가능한 어업"을 실현한다.	과잉어획이 이루어지는 주요 어장의 수
		알려지지 않은 주요 어장의 수

지구환경을 감시·관리하여 지속 가능한 성장을 촉구한다.		과잉 어획량을 지속가능한 수준으로 재조정하고 있는 어장의 비율
	"건강한 해안"을 유지한다.	보호사업을 통해 개선된 해안서식지 면적 (단위:에이커)
		침입종(invasive species)의 수
		위험을 예측하여 피해를 감소시킬 수 있는 해안선과 내륙의 비율
	보호종(protected species)을 보호한다.	위험에 처한 종(Threatened species) 수
		해양포유동물에게 큰 피해를 주지 않는 상업용 어업의 수
		위기종(endangered species) 수
	단기경보와 예보를 개선한다.	토네이도 경보의 리드타임, 정확성, 오보율의 목표달성
		돌발홍수경보의 리드타임, 정확성의 목표 달성
		허리케인 경로 예측의 정확성

출처: 성과지표개발·관리 매뉴얼

(2) 정부부처 성과지표 사례(산업부)

① 시행계획의 목표체계

임무: 주력산업 고도화와 미래 신산업 육성을 통해 산업 경쟁력을 제고하고 양질의 일자리를 창출한다

비전: 수출투자로 민생경제 활력 회복
역대 최고 수출 달성, 첨단산업 초격차 역량 확보,
공급망과 경제안보 확립,
무탄소 에너지 대전환, 지역경제 및 투자 활성화

전략목표

1	2	3	4	5	6	7
산업구조 혁신, 첨단·주력 산업 경쟁력 제고, 소부장 산업 육성을 통해 산업 경쟁력을 강화한다.	산업기술 R&D지원을 통해 지역 균형발전과 중견기업 육성을 추진하여 국가 기술경쟁력을 강화한다.	국민이 함께 에너지 안보와 안정적 에너지수급 체계를 구축한다.	산업-통상 연계로 경제안보를 강화하고, 전략적 경제협력을 고도화 한다.	수출 시장 확대 및 글로벌 통상의 연대 구축을 위해 양자·다자 통상 네트워크를 강화한다.	수출구조 혁신 및 외국인 투자 확대를 통해 일자리 창출에 기여한다.	표준·인증 혁신을 통해 지속가능 사회와 안전하고 풍요로운 국민의 삶을 지원한다.
⇩	⇩	⇩	⇩	⇩	⇩	⇩

성 과 목 표

① 산업구조 혁신과 양질의 일자리 창출 기반을 조성한다.	① 산업기술 R&D를 통해 국가 기술 경쟁력을 강화하고 기업육성을 지원한다.	① 무탄소에너지 전환을 위한 신산업 창출, 효율 혁신 등을 추진하고, 취약계층에 대한 에너지 복지를 보다 두텁게 강화한다.	① 산업·통상 연계로 공급망을 강화하고, 그린·디지털 등 새로운 글로벌 통상질서를 주도하여 우리 산업·기업의 글로벌 경쟁력 확보를 뒷받침한다.	① 우리 기업이 글로벌 경쟁력을 제고할 수 있도록 신규 FTA·경제블록을 전주기 지원한다.	① 중소·중견기업의 수출 지원 강화로 수출 저변을 확대한다.	① 표준 혁신을 통해 미래 시장 창출 및 지속가능 사회를 지원한다.
② 소재·부품·장비 산업 육성을 통한 산업경쟁력 및 공급망 안정화 기반 강화	② 지역경제 활성화를 통한 지역 일자리를 창출하여 대한민국 어디서나 살기 좋은 지방시대를 본격 추진한다.	② 안정적 전력 수급 체계를 확립한다.	② 권역별 특성을 고려한 맞춤형 통상협력 확대로 우리 기업의 신흥시장 개척을 적극 지원한다.	② 수입규제 및 통상분쟁 대응과 적극적인 다자통상 협력을 통해 우리 기업에게 유리한 통상 여건을 조성한다.	② 외국인투자를 확대하고 해외진출기업의 U턴을 촉진한다.	② 제품의 생산·유통·사용 전과정에 대한 안전관리를 통해 국민 안전을 확보한다.
③ 주력산업의 경쟁력을 제고 하고 미래형 신산업을 발굴·육성한다.	③ 중견기업 육성을 위한 정책기반을 강화하고, 유통산업의 상생 및 발전을 도모한다.	③ 친환경 미래 에너지 육성을 위한 기반을 구축한다	③ 공급망, 디지털, 기후 등 새로운 통상질서에 선제적으로 대응하고, 대외 통상협력을 강화하여 우리 기업의 경쟁력 제고를 지원한다.		③ 무역안보 제도 개선 및 국제공조를 통해 우리산업·기업을 보호한다.	③ 기업 혁신 성장 지원 및 미래사회 대응을 위한 국가적합성 평가체계 강화기반을 마련한다.
④ 첨단산업의 지능화·고부가 가치화·친환경 전환을 통한 차세대 산업 경쟁력을 강화한다.		④ 수소경제전주기 생태계 구축으로 청정수소 경제를 선도한다.			④ 공정하고 투명한 무역 구제제도 운영으로 국내기업의 피해를 적극 구제한다.	④ 국내외 기술규제 대응체계를 선진화하여 기업을 지원한다.
		⑤ 국민이 안심하고 누릴 수 있는 에너지 수급기반을 조성한다.			⑤ 경제자유구역·자유무역지역의 외국인 투자 유치를 지속 확대한다.	
		⑥ 국민이 신뢰할 수 있는 원전 정책을 수립·집행한다.				

② 전략목표별 성과지표 현황

전략목표	성과지표	측정방법 (또는 측정산식)	'28년 목표치	지표 종류		비고
				정량화	성격	
1. 산업구조 혁신, 첨단·주력 산업 경쟁력 제고, 소부장 산업 육성을 통해 산업경쟁력을 강화한다.	제조업 생산능력지수	비교시 생산가능량 / 기준시 생산가능량× 100	104.9	정량	결과	
2. 산업기술 R&D지원을 통해 지역균형발전과 중견기업육성을 추진하여 국가 기술경쟁력을 강화한다.	연구개발 사업화 성과 (억원)	사업화 목적과제의 정부지원 10억원당 매출액 규모	13.6	정량	산출	
3. 국민과 함께 에너지 안보와 안정적 에너지 수급 체계를 구축한다.	에너지원 단위* (toe/백만원) *하향지표	1차에너지/실질 GDP	0.146	정량	결과	
4. 산업-통상 연계로 경제 안보를 강화하고, 전략적 경제협력을 고도화한다.	GDP대비 무역규모 비중 (%)	무역규모(수출액+수입액)/ 국내총생산 × 100	70	정량	결과	
5. 수출 시장 확대 및 글로벌 통상의 연대 구축을 위해 양자·다자 통상 네트워크를 강화한다.	FTA 발효국과의 교역비중	FTA 발효국과의 교역 비중(%) = FTA 발효국 교역량/ 우리나라 전체 교역량*100	78	정량	산출	
6. 수출구조 혁신 및 외국인 투자 확대를 통해 일자리 창출에 기여한다.	① 연간 수출액 (억불)	연간 수출금액 합계	7,315	정량	결과	
	② 외국인직접투자 신고금액 (억불)	외국인직접투자집계 (신고기준)	293	정량	결과	
7. 표준·인증 혁신을 통해 지속가능사회와 안전하고 풍요로운 국민의 삶을 지원한다.	국제표준화활동 국가 순위	국제표준 제안, 정책위원회 활동, 간사국 수임, 기술위원회 정회원 가입 등의 실적을 기준으로 국제표준화기구(ISO)에서 국가별로 분석해 순위 발표	7위	정량	결과	

③ 성과목표별 성과지표 현황

성과목표	성과지표	측정방법 (또는 측정산식)	'23년 목 표 치	지표 종류		비 고
				정량 화	성 격	
Ⅰ. 산업구조 혁신, 첨단·주력산업 경쟁력 제고, 소부장 산업 육성을 통해 산업경쟁력을 강화한다.						
Ⅰ-1. 산업구조 혁신과 양질의 일자리 창출 기반을 조성한다.	① 주력산업 고도화·신산업 분야 진출을 위한 사업재편 지원(건)	Σ 사업재편계획 승인 기업+이행점검기업+사업재편 컨설팅 지원 기업수	250	정량	결과	자체집계자료활용
	② 산업별고급 인력 혁신인재 양성을 위한 교육인원(명)	산업별 석·박사 혁신인재 양성 과정 교육인원수	4,263	정량	결과	전담기관사업성과자료활용
Ⅰ-2. 소재·부품·장비 산업 육성을 통한 산업경쟁력 및 공급망 안정화 기반 강화한다.	① 공급망 안정 관리 품목(개)	업종별 밸류체인 분석을 통해 공급망 관리 품목 확대('22년 산업부 소관 119개에서 150개로 5% 상향)/관리과제 성과지표에 관한 평가위원회의 권고('23년 2월)	150	정량	결과	
Ⅰ-3. 주력산업의 경쟁력을 제고하고 미래형 신산업을 발굴·육성한다.	① 제조국 R&D 사업 사업화 성공률(%)	(사업화 성과 발생과제/대상과제)×100 * 사업화성과발생과제: 매출발생, 비용절감, 기술이전, 수입대체 (단, 자동차는 중소·중견기업으로 한정) * 대상과제: 과제 종료 후 5년 이내의 성과활용 과제	41.3	정량	결과	

3장 공공부문의 성과지표 개발

성과목표	성과지표	측정방법 (또는 측정산식)	'23년 목표치	지표 종류		비고
				정량화	성격	
Ⅰ-4. 첨단산업의 지능화고부가가치화·친환경 전환을 통한 차세대 산업경쟁력을 강화한다.	① 첨단산업 R&D사업 사업화 매출액 (억원)	Σ 당해년도 지원 R&D의 국내 사업화 매출액	1,150	정량	결과	

Ⅱ. 산업기술 R&D지원을 통해 지역균형발전과 중견기업육성을 추진하여 국가 기술경쟁력을 강화한다.

성과목표	성과지표	측정방법 (또는 측정산식)	'23년 목표치	정량화	성격	비고
Ⅱ-1. 산업기술 R&D를 통해 국가기술경쟁력을 강화하고 기업육성을 지원한다.	① R&D 사업화 완료률(%)	경제적성과 발생 과제수 / 기업주관 전체과제수	55.2	정량	결과	
Ⅱ-2. 지역경제 활성화를 통한 지역 일자리를 창출하여 대한민국 어디서나 살기 좋은 지방시대를 본격 추진한다.	① 지역 일자리 창출 개수(명)	지역 관련 주요재정 사업*의 추진과정에서 창출이 예상되는 일자리수의 합 * 지역혁신클러스터 육성, 지역투자촉진, 산학융합지구조성 등 3개 사업	4,098	정량	결과	
Ⅱ-3. 중견기업 육성을 위한 정책기반을 강화하고, 유통산업의 상생 및 발전을 도모한다.	① 중견기업 성장촉진 및 유통산업 혁신 정책 수립 건수	일자리 창출, 상생협력, 소득주도 성장 등 국정철학을 반영한 정책신규수립 및 발표 필요 * 중견기업 성장촉진 관련 정책 수립 1건 및 유통산업 혁신 정책 수립 1건으로 총 2건 산출	2	정량	결과	

Ⅲ. 국민이 함께 에너지 안보와 안정적 에너지 수급 체계를 구축한다.

성과목표	성과지표	측정방법 (또는 측정산식)	'23년 목표치	지표 종류		비고
				정량화	성격	
Ⅲ-1. 에너지믹스를 합리적으로 재정립하고, 에너지효율 강화, 에너지 新산업 창출에 기여한다.	① 산업·발전부문 목표관리제 온실가스 누적감축량(천 tCO2)	∑(온실가스 배출허용량- 온실가스 배출실적) (누적)	58,300	정량	결과	
	② 에너지 관련 국제협력·대응 건수(건)	에너지 수급 안정성 확보를 위한 국제 협력·대응 건수 (합계)	22	정량	결과	
Ⅲ-2. 안정적 전력수급 체계를 확립한다.	① 동하계 수급대책 추가 자원 확보율	(추가예비력 확보량/대책량)×100(%)	100	정량	결과	
	② 전력공급 및 거래 관련 제도 개선(건수)	개정 건수	71	정량	결과	
Ⅲ-3 친환경 미래에너지 육성을 위한 기반을 구축한다.	① 재생에너지 신규설비 용량 (GW)	한국전력 통계자료의 재생에너지 사업자용 신규설비 증설 용량	3.8	정량	결과	
Ⅲ-4. 수소경제 전주기 생태계 구축으로 청정수소경제를 선도한다.	① 청정 수소시장 제도 기반 마련(건)	제·개정 건수	2	정량	결과	
	② 수소경제위원회(실무위원회, 전문위원회 포함) 개최 횟수(건)	추진건수	8	정량	결과	
Ⅲ-5. 국민이 안심하고 누릴수 있는 에너지 수급기반을 조성한다.	① 비축유 확보 (백만B)	∑ 정부비축유 확보량	98.5	정량	결과	
	② 에너지 공급망 강화 정책수립 (건수)	에너지공급망 강화를 위한 방안(비축확대, 수입선다변화 등) 마련 건수	2	정량	결과	

성과목표	성과지표	측정방법 (또는 측정산식)	'23년 목표치	지표 종류		비고
				정량화	성격	
Ⅲ-6. 국민이 신뢰할 수 있는 원전 정책을 수립·집행한다.	① 원전생태계 일감 공급 (억원)	일감 공급액	14,489	정량	산출	
	② 원전도입국 수주지원활동 및 주요공급국 협력활동 전개 (건)	협력활동 건수 (고위급 면담, 협력채널, 국제행사, 로드쇼 등 참가/개최), 홍보물 제작 건수 등	7	정량	산출	

Ⅳ. 산업-통상 연계로 경제안보를 강화하고, 전략적 경제협력을 고도화한다.

성과목표	성과지표	측정방법 (또는 측정산식)	'23년 목표치	정량화	성격	비고
Ⅳ-1. 산업-통상 연계로 공급망을 강화하고, 그린·디지털 등 새로운 글로벌 통상 질서를 주도하여 우리 산업·기업의 글로벌 경쟁력 확보를 뒷받침한다.	① 통상전략 마련 및 이행을 위한 소통·협업 실적(건) (관계부처, 산업계 전문가, 국회 등)	민간자문위원회/ 통상추진위원회 및 실무회의/ 업계 간담회/전문가 회의/국회 현안 보고	49	정량	과정	
	② 통상현안 조정실적(건)	통상추진위원회를 통해 관계부처 이견이 있는 안건을 조정한 건수	49	정량	산출	
Ⅳ-2. 권역별 특성을 고려한 맞춤형 통상협력을 확대하여 우리 기업의 신흥시장 개척을 적극 지원한다.	① 양자 협력 강화를 위한 소통·협력 활동 및 기업 지원 건수(건)	양자협력 채널, 고위급 면담 및 민관 TF 등 운영 건수, 기업애로 해소 지원 및 기업 해외진출 성공사례 건수	195	정량	과정	
Ⅳ-3. 공급망, 디지털, 기후 등 새로운 통상질서에 선제적으로 대응하고, 대외 통상협력을 강화하여 우리 기업의 경쟁력 제고를 지원한다.	① 공급망, 디지털, 기후 협력 강화를 위한 소통·협력 활동 건수	Σ 핵심원자재·공급망, 디지털, 기후 등 새로운 통상이슈 관련 양·다자 협력, 네트워크 강화 및 대응, 논의 실적	57	정량	결과	

Ⅴ. 수출시장 확대 및 글로벌 통상의 연대 구축을 위해 양자·다자 통상 네트워크를 강화한다.

성과목표	성과지표	측정방법 (또는 측정산식)	'23년 목표치	지표 종류 정량화	지표 종류 성격	비고
V-1. 우리 기업이 글로벌 경쟁력을 제고할 수 있도록 신규 FTA·경제블록을 전주기 지원한다.	① FTA 발효국과의 교역 비중	FTA 발효국과의 교역 비중(%) = FTA 발효국 교역량/우리나라 전체 교역량*100	75	정량	결과	해당없음
	② 국내 협의 및 의견수렴 실적	전문가 및 업계 의견수렴, 관계부처 회의 등 국내 협의 건수	315	정량	과정	해당없음
	③ 상대국과의 공식·비공식 협상 및 협의 실적	예비협의를 포함한 상대국과의 협의, 공식협상 및 회기간 협상 등 상대국과 협의실적	355	정량	과정	해당없음
V-2. 수입규제 및 통상분쟁 대응과 적극적인 다자통상 협력을 통해 우리 기업에게 유리한 통상 여건을 조성한다.	① 통상현안 및 통상분쟁 대응 실적	국내 제도 통상법 검토, 통상현안 및 통상분쟁 관련 협의회, 간담회, 공청회, 현장 방문, 의견제출, 패널 회의 참석, 대내외 아웃리치 등 대응 횟수	92	정량	결과	
	② 다자통상 활동 실적(건)	다자 논의(분과별 회의, 고위급 등) 건수	166	정량	결과	

VI. 수출구조 혁신 및 외국인 투자 확대를 통해 일자리 창출에 기여한다.

성과목표	성과지표	측정방법 (또는 측정산식)	'23년 목표치	정량화	성격	비고
VI-1. 중소·중견기업의 수출지원 강화로 수출 저변을 확대한다.	① 내수기업에서 수출기업으로 전환된 기업 수(개사)	수출 지원사업 수혜기업 및 관세청 수출 통관실적 비교	5,467	정량	결과	주요 수출지원기관 자료
VI-2. 국인투자를 확대하고 해외진출기업의 U턴을 촉진한다.	① 외국인 투자기업 고용인원(만명)	고용보험 가입 사업장 (고용노동부 자료협조) 및 미가입 사업장(기업군별 평균 고용인원 등으로 추산)	85.7	정량	결과	
	외국인직접투자 유치 실적(억불)	외국인 직접 투자 집계 (신고기준)	280	정량	결과	

성과목표	성과지표	측정방법 (또는 측정산식)	'23년 목표치	지표 종류 정량화	지표 종류 성격	비고
VI-3. 무역안보 제도 개선 및 국제공조를 통해 우리 산업·기업을 보호한다.	① Yestrade 시스템 가입 중소기업 수	Yestrade 시스템 가입 중소기업 수 확인	45,437	정량	결과	
VI-4. 공정하고 투명한 무역구제 제도운영으로 공정무역질서를 확립한다.	① 무역구제 정책 만족도(점)	무역구제 정책 만족도 조사	81	정량	결과	설문조사결과보고서
VI-5. 경제자유구역의 외국인 투자유치를 지속 확대한다.	① 외투기업 누계 입주 수	9개 경제자유 구역에 유치된 외투기업 입주 수	478	정량	결과	

VII. 표준·인증 혁신을 통해 지속가능사회와 안전하고 풍요로운 국민의 삶을 지원한다.

성과목표	성과지표	측정방법 (또는 측정산식)	'23년 목표치	정량화	성격	비고
VII-1. 표준 혁신을 통해 미래시장 창출 및 지속가능사회를 지원한다.	① 국제표준 제안 건수	해당연도 국제표준제안 건수의 합	82	정량	결과	
VII-2. 제품의 생산·유통·사용 전과정에 대한 안전관리 강화를 통해 국민 안전을 확보한다.	① 불법·불량제품 시중 유통 차단 비율(시중+통관단계)	조사결과 보고서, 보도자료 등	50%	정량	결과	
VII-3. 기업 혁신성장 지원 및 미래사회 대응을 위한 국가적합성평가체계 강화 기반을 마련한다.	① 1381인증표준정보센터 인증·표준 애로 해결 건수	정보센터 상담 및 홈페이지 정보제공 건수(건)	211,152	정량	결과	

성과목표	성과지표	측정방법 (또는 측정산식)	'23년 목표치	지표 종류		비고
				정량화	성격	
Ⅶ-4. 국내·외 기술규제 대응 체제를 선진화하여 기업을 지원한다.	① 국내외 기술규제해소 협상 건수	ΣWTO TBT 관련 다자·양자 등 해외 규제 협상 건수 + ΣFTA TBT 상대국과 협상·이행 등 건수와 이를 위한 국내·외 협의 건수 + Σ불합리한 국내 기술 규제 개선안에 대한 부처제시 건수	239	정량	결과	

출처: 2024년도 산업부 성과관리 시행계획

(3) 지방자치단체 성과지표 개발 사례(2025년 합동평가)[3]

연번	평가지표명	지표산식	공통부분	지표유형	소관부처
1	법정감염병 의료기관 신고기한준수율	(신고기한 준수건/제1급~제3급 감염병 신고 건)*100*가산점	공통	정량	질병관리청
2	결핵환자 접촉자 잠복결핵감염검진율	[(㉮×0.6)+(㉯×0.4)]×㉰ ㉮ 가족접촉자 잠복결핵 감염 검진율 ㉯ 집단시설 역학조사 잠복결핵 감염 검진율 ㉰ 5% 가중치 부여(1.05), 그 외는 1	공통	정량	질병관리청
3	결핵환자 가족접촉자 잠복결핵감염치료관리율	(㉮×0.6+㉯×0.4)×㉰ ㉮ 가족접촉자 잠복결핵 감염치료 시작률 ㉯ 가족접촉자 잠복결핵 감염치료 완료율 ㉰ 가중치 5% 부여(1.05), 그 외는 1	공통	정량	질병관리청
4	역학조사의 완성도	(역학조사 완료건수/전수감시대상 감염병 신고건수)×100	공통	정량	질병관리청
5	공공임대주택 공급	(최근 25년간시도별장기공공임대주택 공급실적의 가중평균/24년도시도별 총 주택수)≥시도별목표의; 80%	공통	정량	국토교통부
6	주거취약계층 주거지원	이행성과 지표(4점)+운영기반 지표(2점) = (4점 이상 획득시 달성)	공통	정량	국토교통부
7	디지털정부 성과관리 수준진단	달성: 당해연도 수준진단 점수(C)≥A 또는 당해연도 수준진단 점수(C)≥B	공통	정량	행정안전부

---

[3] 지자체 합동평가: 정부업무평가기본법 제21조에 근거하여 국가위임사무, 국고보조사업, 국가 주요시책 등에 대하여 지자체(17개 시·도)를 대상으로 행정안전부장관이 관계 중앙행정기관의 장과 합동으로 평가(평가체계: 지표개발-성과 창출-평가실시-후속조치)

연번	평가지표명	지표산식	공통부분	지표유형	소관부처
8	개인정보 보호 역량 강화	해당 시·도의 전년도 보호수준 평가(자체진단) 결과 미이행 지표에 대한 이행 달성도	공통	정량	개인정보보호위원회
9	지역디지털플랫폼 구현 수준	디지털플랫폼정부추진역량영역(83점)+디지털플랫폼정부추진정도(17점)	공통	정량	행정안전부
10	처리과별 기록관리 기준표 관리·운영 성과	처리과별 단위과제 카드(기록물철) 작성기준 수립 및 기준에 따른 해당 단위과제카드(기록물철) 정비율	공통	정량	행정안전부
11	공공저작물 자유이용 정책 참여 노력도	공공저작물의 체계적 관리노력도(60점)+공공저작물연계, 개방노력도(40점)	공통	정량	문화체육관광부
12	필수조례 적기 마련율	필수조례마련건수 직전년도(40%)+해당연도(50%)+국정과제 관련(10%)	공통	정량	법제처
13	비영리민간단체 공익활동 지원사업 정보공개 수준	평가보고서 공개 여부(20점)+항목 준수(60점)+정보공개 수준 평가항목 보유(20점)	부분	정량	행정안전부
14	규제개혁신문고·중소기업 옴부즈만 규제애로 건의/개선 실적	국조실(규제신문고) 건의 및 개선 실적+중기부(옴부즈만) 건의 및 개선 실적	공통	정량	국무조정실중소벤처기업부
15	중앙부처 건의 규제 발굴 및 개선 실적	선정건수+해결건수+우수사례 보도 건수	공통	정량	행정안전부
16	적극행정 활성화 노력	사전 컨설팅감사 건수(50%)+불합리한규제개선 등 적극행정창출사례(50%)	공통	정량	행정안전부
17	지방물가 안정관리 실적 (지방공공요금 인상률)	시·도 지방공공요금 평균 인상률 ≤ 전국 지방공공요금 평균 인상률	공통	정량	행정안전부

연번	평가지표명	지표산식	공통부분	지표유형	소관부처
18	재생에너지 보급 확대 및 수소 활성화 이행 추진	'24년도 시·도별 재생에너지 보급 실적(50%)+'24년도 시·도별 수소충전소 설치 이행실적(50%)	공통	정량	산업통상자원부
19	청사 에너지 사용량 절감률	(기준연도에너지사용량-평가년도에너지사용량)/기준연도에너지사용량×100	공통	정량	산업통상자원부
20	제로에너지 건축물 및 건물에너지관리시스템 보급확대	제로에너지건축물(ZEB) 등급 수준(80%)+건물에너지관리시스템(BEMS) 도입률(20%)	공통	정량	산업통상자원부 국토교통부
21	경쟁제한 및 소비자 권익제한 자치법규(조례·규칙 등) 개선율	공정위 개선의견에 대한 수용률(30%)와 실제 규제개선율(70%)	공통	정량	공정거래위원회
22	환경친화 및 사회적 가치 확산을 위한 우선구매율	(분야별 구매액/총 구매액)×100	공통	정량	국가보훈부 행정안전부 보건복지부 기획재정부 고용노동부 환경부
23	혁신구매목표 달성 실적	(혁신구매액/혁신구매목표액)×100	공통	정량	조달청 기획재정부
24	신기술제품 우선구매율	- 신기술제품 실제구매율/구매목표율×100 - 시범구매제품 실제구매율/구매목표율×100	공통	정량	중소벤처기업부
25	중소기업지원사업 사전협의 이행률	(사전협의 신청사업 수/(사전협의 신청사업 수(A)+사전협의 미신청사업 수))×100	공통	정량	중소벤처기업부

연번	평가지표명	지표산식	공통부분	지표유형	소관부처
26	지방자치단체 상생결제 활성화	시군구를 포함한 광역지자체별 상생결제 지급 건수의 총합	공통	정량	중소벤처기업부
27	지적재조사사업 추진실적	추진공정(80%)+시군구별 사업량(20%)+가점	공통	정량	국토교통부
28	연안사고 예방 추진 목표 달성도	① 안전관리시설물 적정유지율(40점)+ ② 해양경찰-지방자치단체 간 협업도(50점)+③ 해양(연안) 사고 예방 관련 '일자리' 참여도(10점)	부분	정량	해양경찰청
29	읍면동 지역사회보장협의체 운영 활성화	① 위기가구 발굴 실적이 있는 읍면동 수 (30%)+② 발굴가구에 대한 자원 연계 실적이 있는 읍면동 수(30%)+③ 민간 자원발굴 실적이 있는 읍면동 수(20%)+④ 지역 특화사업을 수행하고 있는 읍면동 수(20%)	공통	정량	보건복지부
30	복지사각지대 발굴·지원 및 수급자 사후관리	복지사각지대 발굴·지원 실적(60점)+ 수급자 사후관리(40점)	공통	정량	보건복지부
31	사회복무요원 복무사항 적기 처리 및 통보	(24년도 실태조사 결과 점수/'24년도 목표값)×100	공통	정량	병무청
32	보건복지분야 사회복무요원 소요 요청	('25년도 사회복무요원 소요 요청인원/'25년 사회복무요원 목표인원)×100	공통	정량	병무청
33	지역사회 치매관리율	(치매안심센터 치매환자 등록률 ①×0.2)+(치매안심센터 치매환자 서비스 이용률 ②×0.6)+(치매안심센터 보호자 서비스 이용률 ③×0.2)	공통	정량	보건복지부
34	방문건강관리사업 수행실적	①신규등록 처리실적+②집중관리 서비스 처리실적	공통	정량	보건복지부
35	노인 일자리 목표 달성률	((공익활동 제공 수/공익활동 목표량)×100)×0.2 +((시장형사업단 제공 수/시장형사업단 목표량)×100)×0.4+((사회서비스형 제공 수/사회서비스형 목표량)×100)×0.4	공통	정량	보건복지부

연번	평가지표명	지표산식	공통부분	지표유형	소관부처
36	공공보육 이용률	('24년국공립어린이집+사회복지법인어린이집+직장어린이집 이용 아동 수/'24년 전체 어린이집 이용 아동 수×100)-('23년....이용아동 수/'23년 전체 어린이집 이용 아동 수×100)	공통	정량	보건복지부
37	임신, 출산 환경조성 우수사례	임신, 출산 환경조성우수사례	공통	정성	보건복지부
38	초등돌봄 활성화 우수사례 계속	초등돌봄 활성화 우수사례 1건	공통	정성	보건복지부
39	아동 학대 대응체계 내실화율	외부협업체계내실화(40점)+e아동행복지원사업 운영내실화(60점)+가산점(3점)	공통	정량	보건복지부
40	아동보호체계 구축 노력	아동보호전담요원충원율(10점)+양육상황점검실적(90점)+신규가정형보호율(가산점 5점)	공통	정량	보건복지부
41	자원봉사 활성화 추진 우수사례	자원봉사활성화 시책 우수사례	공통	정성	행정안전부
42	가족센터 가족서비스 우수사례	가족센터 가족서비스 우수사례	공통	정성	여성가족부
43	반려동물 등록률	'24.12.31.기준 동물등록 마릿수(누계)÷'24년 동물등록 목표 마릿수(누계)×100	공통	정량	농림축산식품부
44	위기청소년 지원 수준 및 학교 밖청소년 자립성취도	위기청소년 지원 수준 및 학교 밖 청소년 자립성취도(100점)	공통	정량	여성가족부
45	청소년유해환경 감시체계 구축 및 운영실적	유해환경 감시활동(50점)+유해환경 단속활동(25점)+감시기반 구축(25점)	공통	정량	여성가족부
46	성별영향평가 실효성 제고 노력	성별영향평가개선계획산출율(70점)+지자체 고유사업성별영향평가실시율(30점)	공통	정량	여성가족부

연번	평가지표명	지표산식	공통부분	지표유형	소관부처
47	지역 산재예방활동 활성화 추진	사고사망자수 비율 감소실적(60점)+ 안전점검 이행률(40)	공통	정량	고용노동부
48	정부인증 가사서비스 활성화 추진실적	가사서비스 지원사업 운영 실적(60)+ 정부인증 가사서비스 홍보·안내 실적(40)	공통	정량	고용노동부
49	자치단체 재정지원 일자리사업 수행성과(자치단체 자체 사업)	(상반기 참여자 입력사업 수의 가중 합계 점수/상반기 시행사업 수)+(연간 참여인원/연간 계획인원)×70점	공통	정량	고용노동부
50	취업 지원 서비스 달성률	(자치단체 취업실적/자치단체 성과목표)×100	공통	정량	고용노동부
51	독서문화진흥 및 도서관 특성화 우수사례	지자체 독서문화진흥 또는 도서관 특성화 우수사례(택1건)	공통	정성	문화체육관광부
52	국어문화복지 실현을 위한 쉽고 바른 공공언어 쓰기	보도자료에서의 쉽고 바른 용어 사용	공통	정량	문화체육관광부
53	문화누리카드 이용 활성화	사업예산 집행률(70%)+문화예술체험 분야 이용률(30%)	공통	정량	문화체육관광부
54	문화접근성 확대 정책 추진 우수사례	'문화접근성 확대' 정책 추진 우수사례	공통	정성	문화체육관광부
55	장애인스포츠강좌 이용권 집행률	(시도별 국고보조 배정예산 집행액)/ (시도별 국고보조 배정 예산액)×100	공통	정량	문화체육관광부
56	국가지정문화재 보수정비사업 추진 실적 달성도	['24년 실집행액/'24년예산액]× 0.8+['24년 완료건수/'24년 지원건수] ×0.2	공통	정량	문화재청
57	민방위대(통리·기술지원대) 화생방 방독면 확보율	신규 확보율 점수 + 전체 확보율 점수	공통	정량	행정안전부

연번	평가지표명	지표산식	공통부분	지표유형	소관부처
58	지방자치단체장 안전한국훈련 참여 및 적극적역할수행	시·도와 소속 시·군·구 단체장의 안전한국훈련 참여점수* 산술평균	공통	정량	행정안전부
59	민방위경보 운영관리 개선	(최근 3년 시·도 경보단말 평균 장애시간 - 각 시·도 평균 장애시간)×100/ 최근 3년 시·도 경보단말 평균 장애시간)	공통	정량	행정안전부
60	어린이 보호구역 내 어린이교통안전 강화	24년 어린이보호구역실태조사(개소)/24년 어린이보호구역(개소)×100	공통	정량	행정안전부
61	재난관리 조직 인력 운영 적절성	방재안전직 근무지속률(60점)+직급별 방재안전직 정원배정현황(20점)+재난관리부서 근무자 인센티브 부여실적(20점)	공통	정량	행정안전부
62	재해위험지역 점검·관리 이행 실적	점검실적(30%)+위험요인 발굴 실적(30%)+후속조치 이행 실적(40%)	공통	정량	행정안전부
63	집중안전점검 지적사항 후속 조치율	'N년 조치율(50점) + N-1, ~-2년 조치율(50점)	공통	정량	행정안전부
64	지자체 관할의 지방도로 교통안전 관리체계	시도 및 시군구 지역교통안전 협의체 운영 실적/시도+시군구 수	공통	정량	행정안전부
65	지역 안전관리 역량 강화	위원회 연간 운영계획 수립(10%)+ 연간 운영 실적(10%)+협의체(20%)+ 연구센터구성(20%)+합동훈련(20%)+ 조치율(20%)	공통	정량	행정안전부
66	지역 응급환자 이송·수용체계 개선 활동 우수사례	지역 응급환자 이송·수용체계 개선 활동 우수사례	공통	정성	보건복지부
67	자살사망자 대비 자살고위험군 등록관리 현황	자살고위험군 등록관리 현황(0.8)+ 관리인원 대비 퇴록 현황(0.2)	공통	정량	보건복지부

연번	평가지표명	지표산식	공통부분	지표유형	소관부처
68	의료급여수급권자 건강검진 수검률	지역사회 내 의료급여수급권자의 건강 검진 수검률	공통	정량	보건복지부
69	지역사회 정신질환자 관리	지역 기관 정신질환자 신규등록률(60점)+ 1인당 등록 정신질환자 수(40점)	공통	정량	보건복지부
70	보건소 금연클리닉 운영실적	성인흡연자 금연클리닉 등록률(40점)+금연상담서비스 5회 이상 제공률(60점)+실적 개선율(10점)	공통	정량	보건복지부
71	식중독 발생 관리율	당해 연도 백만명 당 식중독 발생률/5년 평균 인구 백만명 당 식중독 발생률	공통	정량	식품의약품안전처
72	지역사회 위해의료제품 수거검사 실적	(검사완료 건수/수거배정 건수×환산치)+결과보고 완료×0.2+가산점	부분	정량	식품의약품안전처
73	배출사업장 환경관리개선도	점검율×100×0.8+위반조치율(최대35점)+가점	공통	정량	환경부
74	건물번호판 정비	정비대상 건물번호판 수량×10%×조정계수	공통	정량	행정안전부
75	건물정보 현행화 현장조사 추진 실적	(현장조사 추진 실적/'24년 현장조사 대상)×100	공통	정량	행정안전부
76	건축안전 수준 평가	A(지역건축안전센터 설치·운영 수준, 40점)+B(사망자 수준 및 건축물 안전점검 실시 수준, 40점)+C(해체공사현장 안전관리 수준, 20점)	공통	정량	국토교통부
77	빈집정비실적	(빈집철거물량+빈집활용물량×3)/최근 5년 빈집정비평균의 95%×조정계수)	부분	정량	농림축산식품부
78	건강하고 지속가능한 산림자원 육성	지속가능한 산림자원육성 달성률	공통	정량	산림청
79	산사태 예방·대응 체계 구축률	우기 전 6월말) 사방댐 완료실적률+우기 전 계류보전 완료실적률+가·감점	부분	정량	산림청
80	산불방지 성과 달성도	소각, 입산자실화 산불 감축 달성률(0.5)+소각산불 가해자 검거 달성률(0.5)	공통	정량	산림청

연번	평가지표명	지표산식	공통부분	지표유형	소관부처
81	임도시설 실적률	임도신설 실적률(40%)+경제림육성단지 내 임도신설 실적률(60%)	부분	정량	산림청
82	산림병해충방제 성과달성률	소나무재선충병 방제 협업 운영실적(30점)+현장점검 운영실적(50점)+방제예산 집행율(20점)+가·감점(+5점~-5점)	공통	정량	산림청
83	목재이용 활성화 노력도	목재관련 정책 및 제도(40점)+홍보활동(40점)+국산목재 우선구매율(20점)	공통	정량	산림청
84	지역 먹거리 계획 추진실적	지역먹거리계획 수립률(60점)+지역먹거리지수 B등급 이상 비율(40점)	부분	정량	농림축산식품부
85	친환경 농업기술 실천 농가 비율	시도별 친환경 농업기술 실천 농가호수/시도별 전체 농가호수×100	공통	정량	농촌진흥청
86	기본형 공익직불 접수 및 지급 목표 달성률	접수목표 달성률+지급목표 달성률	공통	정량	농림축산식품부
87	벼 재배면적 감축 등 쌀 적정 생산유도	달성: 목표치 ≤ 실적치, 미달성: 목표치 ≥ 실적치	부분	정량	농림축산식품부
88	축산물 HACCP 관리율	(축산물HACCP컨설팅실적/계획)*100+(HACCP 인증수/농장수)*100	부분	정량	농림축산식품부
89	GAP 인증 농가 확대	('24년 시·도별 GAP 인증 농가/'24년 시·도별 목표 인증 농가)×100	공통	정량	농림축산식품부
90	농지 대장 정비율	(농지대장 정비완료 건수/농지대장 정비대상 건수)×100	공통	정량	농림축산식품부
91	검역 병해충 예찰 및 방제 실적	농가교육 실적+예찰 실적+발생 여부+방제 실적	공통	정량	농림축산식품부
92	구제역백신 항체양성률	구제역백신 항체 검사두수+구제역백신 항체 양성두수	부분	정량	농림축산식품부
93	닭, 오리 가축전염병 방역관리	시·도별 닭·오리 가축전염병 발생률(40)+시·도별 가축방역 노력도(60)	부분	정량	농림축산식품부

연번	평가지표명	지표산식	공통부분	지표유형	소관부처
94	클라우드 전환 및 이용 우수사례	클라우드 전환 및 이용 우수사례	공통	정성	행정안전부
95	대학 및 지자체 연계·협력 우수사례	지자체-지방대학 연계·협력 우수사례	공통	정성	교육부

* 성과지표의 지표성격, 지표설명, 측정방법에 대한 상세한 내용은 2025년('24년 실적) 지방자치단체 합동평가지표매뉴얼('24. 8. 31. 행정안전부) 자료 참고

PART 4

공공부문의 성과지표 측정과 관리

1.
성과측정의 필수 요건

성과지표를 측정할 때는 단순히 나타난 수치만 보는 것이 아니라, 그 사업이 실제로 목표를 얼마나 달성하였는지를 종합적으로 판단해야 한다. 즉, 얼마나 효율적으로 자원이 쓰였는지, 결과물이 이용자에게 제대로 전달되고 만족을 주었는지 등 궁극적인 사업목적에 얼마나 기여하는지를 확인해야 한다. 이를 위해서는 성과지표가 다음의 일곱 가지 요건을 충족하는 것이 중요하다(Harty, 1980).

① 타당성Validity과 정확성accuracy

성과지표가 측정 대상이 되는 사업의 실제 성과를 정확하게 측정하는가에 관한 것이다. 성과지표에서 평가하려는 내용을 올바르게 반영해야 한다. 관련 없는 무관한 데이터를 반영하거나, 실제 상황을 왜곡해서는 안 된다.

② 이해 가능성 understandability

정보이용자에 의해 쉽게 이해될 수 있는가에 대한 것으로, 성과지표는 전문적인 용어가 포함되더라도, 누구나 쉽게 그 의미를 파악할 수 있어야 한다. 즉 일반이용자가 지표를 보고 의미와 내용을 직관적으로 이해할 수 있어야 한다.

③ 적시성 timeliness

지표에 근거한 자료수집이 필요시 원활하고 신속하게 이루어질 수 있는가에 관한 것으로, 성과지표에 필요한 데이터는 적시에 수집되고 제공되어야 한다.

④ 자료수집비용 data collection cost

성과측정 비용은 적정한가에 관한 것으로, 지표를 관리하고 데이터 수집하는 데 드는 시간과 비용은 합리적이어야 한다. 비용이 지나치게 크다면 아무리 좋은 지표라도 활용하기 어려울 수 있다.

⑤ 통제가능성controllability

성과가 왜곡되도록 영향을 줄 수 있는 요소들에 대한 통제력이 있는가에 관한 것으로, 조직의 활동 변화를 제대로 반영할 수 있어야 지표를 통해 노력의 결과를 평가할 수 있다. 외부요인에 의해 측정결과가 왜곡된다면 지표로서 신뢰하기 어렵다.

⑥ 포괄성comprehensiveness

가능한 성과의 모든 측면을 반영하고 있는가에 관한 것으로, 지표는 조직의 특정 부분만이 아니라, 조직 활동의 모든 측면을 균형 있게 담고 있어야 한다.

⑦ 입증가능성

입증 가능한 방법으로 정보와 자료를 수집하였는가에 관한 것으로, 지표에 사용된 데이터는 제삼자가 같은 방법으로 다시 측정했을 때도 동일한 결과가 나와야 한다. 이를 위해 자료수집과 분석 방식이 명확하고 투명해야 한다.

2.
성과지표의 측정 방식

　성과측정은 사업이나 정책이 실제로 어느 정도 성과를 냈는지 판단하는 중요한 절차다. 이 시점에서는 사전에 설정했던 목표에 어느 정도 도달했는지를 평가하고, 그 결과를 객관적인 자료를 통해 확인한다. 이를 통해 사업의 성패를 판단하고, 이후 정책개선이나 의사결정에 필요한 근거도 마련할 수 있다.

(1) 목표의 달성 정도

　성과지표는 사업의 목표 달성 정도를 다음의 다섯 가지 방식 중 하나로 제시할 수 있다. 다양한 성과지표의 성격에 따라 적합한 측정 결과를 선택하여 표현할 수 있다.

① 달성 여부(Yes or No 형식)

성과가 달성되었는지를 단순히 '확보 여부', '수립 여부' 등의 표현으로 확인하는 방식이다. 성과를 All-or-Nothing으로 판단할 수 있는 경우에 적합하다.

ex. 정책 시행 여부, 제도 도입 여부, 시설 설치 여부 등

② 사례 수(숫자 값)

성과를 인원수, 건수, 금액 등 구체적인 숫자로 표현하는 방식이다. 성과를 양적으로 보여주며, 사업이 어느 정도 진행되었는지를 명확히 파악하는 데 효과적이다.

ex. 교육 참여자 수, 채용 건수, 민원 처리 건수, 홍보물 배포 수량 등

③ 비율(%)

전체 중에서 특정 영역이 어느 정도 달성되었는지를 비율로 표현하는 방식이다. 이전 연도와의 비교나 투입 대비 효율성 분석에 자주 사용된다.

ex. 민원 해결률, 예산집행률, 지원자 대비 채용비율 등

④ 범위(최고~최저)

성과가 일정한 수치의 단일 값으로 고정되지 않고 변동성을 가질 경우, 최소~최대값을 범위로 제시하는 방식이다. 성과의 분포나 다양성을 보여줄 수 있다.

ex. 고객만족도 우수 범위(90~95점), 수질 개선 수준의 범위

⑤ 점수(평가 척도)

성과를 점수화하여 표현하는 방식이다. 복잡한 결과를 간단하게 표현하고, 단일 척도로 요약할 수 있어 비교나 이해가 쉽다.

ex. 참가자 만족도(5점 척도), 정책 효과성 점수(100점 만점)

(2) 자료출처의 확인

성과측정의 신뢰성을 높이려면, 사용된 데이터 출처를 명확히 밝혀야 한다. 자료출처는 성과측정의 객관성을 보장하며, 외부 검증이 가능하게 해야 한다.

① 기존 통계자료 활용
현재 상태에서 존재하는 공공데이터나 공식 통계자료를 사용하는

경우, 반드시 출처와 연도를 함께 제시한다.

ex. 통계청 연도별 인구통계(2024. 12), 2025년도 산업통상자원부 통계 연보(2025. 1)

② 내부자료 활용

기관 내부에서 자체적으로 생성한 자료를 사용하는 경우, 자료작성 과정과 수집 방법을 구체적으로 설명해 신뢰성을 확보한다.

ex. 내부 용역보고서, 자체 조사결과

③ 외부자료 활용

공신력 있는 외부 기관에서 제공한 자료를 활용하는 경우, 해당 기관명과 자료의 명칭을 함께 제시한다.

ex. WTO 무역 통계, 보건복지부 건강지표, 한국도로공사 교통량 통계

3.
성과지표의 이력 관리

성과지표를 체계적으로 관리하기 위해서는 이력 관리체계를 구축하는 것이 필요하다. 이력 관리는 성과지표 활용도를 높이고, 정책 환경 변화에 유연하게 대응하는 것을 가능하게 한다. 장기적으로는 성과지표의 품질을 높이는 데 기여할 수 있다.

(1) 성과지표의 이력 관리 요소

성과지표는 정책변화, 외부 환경요인, 내부적인 필요성 등에 따라 연중 수정되거나 보완될 수 있다. 따라서 이러한 변동 사항과 지표가 만들어지는 과정을 체계적으로 기록하고 관리하는 것이 이력 관리의 핵심이다. 이를 통해 과거 지표와의 연속성을 유지하고, 변화의 이유를 명확히 설명할 수 있다. 향후 새로운 지표를 개발하거나 기존지표를 개선할 때 참고 자료로도 활용할 수 있다.

또한 지표가 개발되거나 수정되는 과정에서 논의된 전문가 의견, 내부검토 내용, 전년도 지표와의 차이점 등도 함께 정리해 둔다. 이렇게 축적된 이력 정보는 성과지표의 신뢰성과 일관성을 높이는 데 도움을 줄 수 있다.

이처럼 성과지표 이력 관리는 지표의 기본 정보부터 변동이력까지 다양한 내용들을 포괄하며, 관리해야 할 세부 항목은 다음과 같다.

〈표 26〉 성과지표 이력 관리 요소

구분	내용
지표관리번호(코드)	• 각 지표에 고유번호를 부여해 연도별, 분야별 관리 • 삭제된 지표도 함께 관리
담당부서 및 담당자	• 지표 관련 부서, 책임자 정보
전략목표 및 성과목표	• 지표가 연결된 상위 목표
지표의 성격	• 투입, 과정, 산출, 결과지표 구분 및 계량, 비계량지표 명시
목표치 및 측정방법	• 당해연도 목표치 및 산출식, 측정 방식
기타 정보	• 국제통계지수 연계 여부, 관계기관 정보 등
개발과정상 검토내용	• 내부 의견, 위원회, 전문가 의견
지표 변경 현황	• 지표의 변동 내용과 반영된 검토 사항
전년도 지표와의 비교	• 전년도 지표와의 차이점 및 수정 사유
특이 사항	• 지표의 특수성, 운영상 문제점

출처: 성과지표 개발·관리매뉴얼 기반 저자 수정

(2) 성과지표위원회 운영

성과지표를 개발하고 운영하는 과정에서 '성과지표관리위원회'와 같은 자문기구의 운용도 필요하다. 위원회는 성과지표의 설계부터 검토, 변경 승인까지 전 과정에 참여하며, 지표의 품질과 객관성을 높이는 역할을 한다. 특히 위원회는 단발성으로 운영하지 말고, 정책환경 변화에 능동적으로 대응할 수 있도록 상시 운영체계로 구축하는 것이 바람직하다. 이를 통해 성과지표는 지속해서 검토되고 적절히 보완될 수 있다.

위원회에서 수행하는 주요 검토 사항은 다음과 같다.

- 성과지표의 개발 방향 및 적정성 검토
- 개발된 지표의 객관성, 타당성 평가
- 지표 변경이나 수정 사항의 승인
- 지표 관리체계 및 이력 정보의 정기적 점검

(3) 성과지표관리시스템 구축

성과지표관리시스템은 현재 사용 중인 지표뿐 아니라, 과거 기관에서 사용된 지표까지 통합적으로 관리하는 시스템이다. 단순히 지표를 보관하는 수준을 넘어서, 지표개발과 개선을 위한 정보 플랫폼으로 활용될 수 있다.

시스템은 지표를 전략목표, 성과목표, 성과지표, 지표의 유형 등으로 분류하고, 검색 키워드를 설정하여 빠르게 검색하고 활용할 수 있도록 구성한다. 이를 통해 새롭게 정책을 개발할 때 유사한 사례를 참고하거나, 기존지표를 개선하는 데 실질적인 도움이 될 수 있다.

또한 국내외 우수사례 지표를 함께 수록한다면, 성과지표의 다양성과 품질을 더욱 높일 수 있다.

4.
성과측정의 왜곡 관리

성과를 측정하는 과정에서는 목표를 달성하려는 압박감, 그리고 시스템적인 문제로 다양한 형태의 왜곡 현상이 발생할 수 있다. 이러한 왜곡은 성과관리의 모든 과정에서 나타날 수 있으며, 종종 복합적으로 작용하여 조직 성과에 부정적인 영향을 초래할 수 있다.

(1) 성과왜곡의 유형과 사례

Hood(2007)는 성과측정 과정에서 발생하는 왜곡을 목표치시스템, 순위시스템, 정보시스템 등 크게 세 가지 유형으로 구분했다. 각 유형은 성과관리의 구조나 실행 방식에 따라 발생하며, 조직 성과에 부정적인 영향을 줄 수 있다.

① 목표치시스템 왜곡

성과 목표를 설정하고 달성하려는 과정에서 발생하는 왜곡이다.

- 톱니효과Ratchet Effect: 목표치를 낮게 설정하여 쉽게 달성하고, 다음 해에 목표치가 높아지는 것을 방지하려는 행동이다.
- 문턱효과Threshold Effect: 목표를 한 번 달성하면 더 이상의 추가적인 노력을 하지 않거나, 쉬운 업무만 선택적으로 수행하는 현상이다.
- 산출왜곡Output Distortion: 평가에 유리한 자료만 제출하거나, 불리한 정보는 제외하여 실제 결과를 왜곡하는 사례다.

② 순위시스템 왜곡

성과를 등급화하거나 점수화하여 비교하는 과정에서 나타나는 왜곡이다.

- 비변별성 문제: 평가대상 간 실질적인 차이는 크지 않은데, 순위를 강제로 나누다 보니 결과가 왜곡되는 현상이다.
- 가중치 왜곡: 평가 항목 간 가중치 설정이 적절하지 않으면, 전체 결과가 크게 왜곡됨으로써 신뢰성이 저하되는 현상이다.

③ 정보시스템 왜곡

성과를 정책 결정이나 의사결정에 활용하는 과정에서 발생하는 왜곡이다.

- 정보를 잘못 해석하거나, 선택적으로 유리한 정보만을 활용하는 경우, 의사결정의 정확성을 해칠 수 있다.

이러한 왜곡 현상은 성과목표의 선정, 시행, 분석 등 성과관리의 각 단계에서 다음과 같은 형태로 구체화 된다.

〈표 27〉 성과관리 단계에서 나타나는 왜곡 현상

성과관리 단계	왜곡현상	내용
성과목표 선정단계	터널현상 (Tunnel Vision)	달성하기 쉬운 지표를 우선 선정하거나 달성 가능성이 높은 지표만 선택
	근시안적 목표 (Myopia)	장기적인 성과보다 단기성과 위주로 지표 설정
	톱니효과 (Ratchet Effect)	낮은 목표를 설정해 쉽게 달성하고, 이후 목표치가 높아지는 부담 회피
성과목표 시행단계	문턱효과 (Threshold Effect)	목표 달성한 후에는 노력하지 않거나, 달성이 쉬운 업무만 집중
	노력치환 (Effort Substitution)	평가되는 업무에만 집중하고, 중요하지만 평가되지 않는 업무는 방치
성과목표 분석단계	산출왜곡 (Output Distortion)	불리한 자료는 제외하고, 유리한 자료만을 선택적으로 제출

출처: 신민철(2010)

(2) 왜곡이 조직에 미치는 영향

성과측정 과정에서 발생하는 왜곡 현상은 조직 운영 전반에 다음과 같이 부정적 영향을 미칠 수 있다.

① 성과관리시스템 신뢰도 저하
구성원들이 성과 평가가 불공정하다고 인식하게 되면, 성과관리 자체에 대한 신뢰가 무너지게 된다. 결국 구성원의 협력과 참여가 약화되고, 조직 전체의 역량도 떨어질 수 있다.

② 장기적인 성과 향상 저해
왜곡된 지표는 실제 성과를 반영하지 못하므로, 오히려 잘못된 방향으로 업무가 운영될 가능성이 커진다. 이는 장기적인 전략목표 달성을 방해하고, 조직의 운영효율성을 떨어트린다.

③ 성과측정의 본래 목적 상실
성과측정은 조직 운영을 개선하고 성과 향상을 위한 정보를 제공하는 도구다. 하지만 왜곡이 발생하면 본래의 근본적인 기능이 약화되어, 실제 조직 운영의 개선과 향상이 어려워진다.

(3) 왜곡을 줄이기 위한 대응 방안

성과 왜곡을 줄이기 위해서는 조직 차원의 제도적 장치와 지속적인 관리가 필요하다. 왜곡을 예방하기 위해서는 다음과 같은 대응 방안은 고려할 수 있다.

① 성과목표와 지표의 개념 명확화
성과목표와 지표가 구체적이고 명확하면 혼란과 왜곡의 여지를 줄일 수 있다.

② 정기적인 점검과 즉각적인 시정 조치
성과관리 과정에서 왜곡이 발생하지 않도록 주기적으로 점검하고, 문제가 발견되면 즉시 개선한다.

③ 구성원 대상 교육
성과관리의 목적과 절차를 구성원이 충분히 이해할 수 있도록 정기적으로 교육함으로써 왜곡 가능성을 줄일 수 있다.

④ 투명한 운영체계 마련
평가기준과 결과를 투명하게 운영하고 공개하면, 평가신뢰도가 높아지고 왜곡 가능성이 작아진다.

⑤ 표준화된 매뉴얼 마련

성과관리 절차와 기준을 문서화한 매뉴얼을 만들어, 구성원 모두가 동일한 기준에 따라 일관되게 업무를 수행할 수 있도록 한다.

PART 5 성과지표 개발 실습

본 장에서는 앞서 이론적으로 배운 성과지표 개발 7단계를 실제로 적용해 보는 내용을 다룬다. 먼저 공공기관의 기업정보에 기반한 사례실습을 통해 성과지표 개발 과정을 심층적으로 학습할 수 있도록 구성하였다. 이후, 실전 학습을 토대로 성과지표를 직접 설계해 볼 수 있도록 연습문제를 수록하였다.

연습문제는 공공기관의 산업 특성을 반영해 SOC, 환경, 사회복지, 에너지, 금융 등 5개 분야로 구성하였다. 제공된 정보는 실습을 위해 만든 가상의 정보이며, 성과지표 개발에 꼭 필요한 기초정보를 담았다.

이러한 실습 과정을 통해 성과지표 개발을 체계적으로 이해하고, 실무에 적용할 수 있는 실질적인 역량을 키울 수 있기를 기대한다.

1.
성과지표 단계별 개발 실습

[실습을 위한 기초정보]

- 산업분야: 환경
- 기관명: 대한자원순환공사(가상기관)
- 미션: 자원순환 사회 구축을 통한 환경 보전 기여
- 비전: 2035년까지 국내 재활용률 80% 달성 선도 기업
- 핵심가치: 효율성, 협력, 책임감

- 기관의 전략목표

전략목표	전략과제	중점 추진 계획
폐기물 재활용률 70% 이상 확대	지자체 연계 재활용 인프라 확충	2030년 재활용센터 100개소 구축
	폐기물 품질관리 체계 구축	모바일 분리배출 실적관리 서비스
전국 자원순환 센터 설치율 50% 달성	지역 자원순환센터 네트워크 구축	자원순환센터 구축 로드맵 수립
	공공-민간 파트너십 확대	민관 협력 프로젝트 집중 발굴
선진 재활용 기술 도입 및 확산	첨단 재활용 기술 연구개발	재활용 기술 연구개발 10% 투자
	해외 선진기술 벤치마킹 및 도입	유럽 재활용 기업과의 MOU 체결

- 주요사업
    - 사업 1. 폐기물 재활용 확대 사업

        (정의: 폐기물 재활용률을 높여 자원 순환과 환경보전에 기여)

    - 사업 2. 자원순환센터 설치 사업

        (정의: 전국에 자원순환센터 설치로 폐기물 처리와 재활용의 체계적 관리)

    - 사업 3. 자원순환 기술 연구개발 사업

        (정의: 혁신적 자원순환 기술 개발로 지속 가능한 환경 구축)

- 주요사업별 단위사업 및 성과목표

주요사업	단위사업	성과목표
폐기물 재활용 확대 사업	산업용 폐기물 재활용	산업용 폐기물 재활용률 10% 향상
	가정용 폐기물 재활용	가정용 폐기물 재활용률 80% 달성
	재활용 캠페인	지역별 재활용 참여율 20% 증가
자원순환센터 설치 사업	대도시 확대 구축	대도시 지역 자원순환센터 15개소 설치
	농어촌 구축 사업	농어촌 지역 자원순환센터 10개소 설치
	기존 시설 현대화	기존 자원순환센터 5개소 현대화
자원순환 기술 연구 개발 사업	재활용 신소재 개발	신소재 개발을 통한 재활용 효율 10% 증가
	기술 표준화 인증	재활용 기술 인증 획득 건수 5건 이상
	자동화 기술 연구	자동화 기술 도입으로 처리 속도 20% 향상

- 내부환경: 자원순환센터 설치를 위한 기술력과 인프라 부족, 첨단 재활용 기술 연구개발을 위한 전문 인력과 연구개발 예산의 한계, 민간기업 및 지자체 협력체계 미흡
- 외부환경: 정부의 탄소중립 2050 환경규제 강화로 재활용 산업 확대, 플라스틱 사용 규제 및 폐기물에 대한 시민의식 변화, 선진국 중심의 첨단 재활용 기술 및 순환경제시스템 선도

(1) 1단계: 조직의 임무, 비전, 전략목표 확인

① 기관의 미션과 비전
- 기관명: 대한자원순환공사
- 미션

미션	설명
자원순환 사회 구축을 통한 환경 보전 기여	자원의 효율적 순환을 통해 지속 가능한 환경 보호에 기여하는 의미

- 비전

비전	설명
2035년까지 국내 재활용률 80% 달성 선도 기업	2035년까지 국내 재활용률 80%를 달성하며 자원순환 분야에서 선도적 역할을 하겠다는 의지

- 핵심가치: 효율성, 협력, 책임감

② 기관의 전략목표 확인

전략목표	전략과제	중점 추진 계획
폐기물 재활용률 70% 이상 확대	지자체 연계 재활용 인프라 확충	2030년 재활용센터 100개소 구축
	폐기물 품질관리 체계 구축	모바일 분리배출 실적관리 서비스
전국 자원순환센터 설치율 50% 달성	지역 자원순환센터 네트워크 구축	자원순환센터 구축 로드맵 수립
	공공-민간 파트너십 확대	민관 협력 프로젝트 집중 발굴
선진 재활용 기술 도입 및 확산	첨단 재활용 기술 연구개발	재활용 기술 연구개발 10% 투자
	해외 선진기술 벤치마킹 및 도입	유럽 재활용 기업과의 MOU 체결

(2) 2단계: 주요사업 정의와 성과목표 확인

① 주요사업 정의

주요사업명	정의
폐기물 재활용 확대 사업	폐기물 재활용률을 높여 자원 순환과 환경 보전에 기여
자원순환센터 설치 사업	전국에 자원순환센터 설치로 폐기물 처리와 재활용의 체계적 관리
자원순환 기술 연구개발 사업	혁신적인 자원순환 기술의 연구·개발로 지속 가능한 환경 구축

② 주요사업의 단위사업

주요사업	단위사업		
1 폐기물 재활용 확대 사업	산업용 폐기물 재활용	가정용 폐기물 재활용	재활용 캠페인
2 자원순환센터 설치 사업	대도시 확대 구축	농어촌 구축 사업	기존 시설 현대화
3 자원순환 기술 연구개발 사업	재활용 신소재 개발	기술 표준화 인증	자동화 기술 연구

③ 단위사업별 성과목표

단위사업		성과목표
1 폐기물 재활용 확대 사업	산업용 폐기물 재활용	산업용 폐기물 재활용률 10% 향상
	가정용 폐기물 재활용	가정용 폐기물 재활용률 80% 달성
	재활용 캠페인	지역별 재활용 참여율 20% 증가

② 자원순환센터 설치 사업	대도시 확대 구축	대도시 지역 자원순환센터 15개소 설치
	농어촌 구축 사업	농어촌 지역 자원순환센터 10개소 설치
	기존 시설 현대화	기존 자원순환센터 5개소 현대화
③ 자원순환 기술 연구개발 사업	재활용 신소재 개발	신소재 개발을 통한 재활용 효율 10% 증가
	기술 표준화 인증	재활용 기술 인증 획득 건수 5건 이상
	자동화 기술 연구	자동화 기술 도입으로 처리 속도 20% 향상

(3) 3단계: 성과지표 개발

① 기존·선진지표 수집

벤치마크	EU의 신기술 도입 사례	업종	환경 및 자원순환
성과지표	첨단 재활용 기술 도입 비율	측정대상	첨단 기술을 적용한 설비 및 공정
지표정의	국제적으로 인정받은 첨단 재활용 기술의 국내 도입 비율		
산출식	(도입첨단기술수÷국제인증첨단기술수*)×100 * OECD, UNEP, EU환경기구		
주요사업	폐기물 재활용 확대 사업	관리주기	반기
관리조직	국제기술협력팀	DATA 출처	국제기구인증자료, R&D보고서

② 지표 Pool

구분	지표명	지표정의	산출식	측정대상	관리주기	DATA 출처	관리조직
기존	재활용 설비 투자율	재활용 설비 및 기술 개발을 위한 실제 투자 비율	(재활용 투자 예산÷총 투자 예산)×100	기술 연구 개발(R&D) 투자	분기	예산 집행 보고서, 설비 투자 보고서	투자 기획팀
기존	산업폐기물 재활용률	사업 대상 산업폐기물 중 재활용 처리된 폐기물의 비율	(재활용된 산업폐기물량÷총산업폐기물량)×100	산업폐기물 처리 시설	월	환경부 자원순환통계시스템, KOSIS	폐기물관리팀
기존	고부가가치 재활용 제품 생산량	산업폐기물을 활용하여 생산된 고부가가치 재활용 제품의 총생산량	(고부가가치 재활용 제품 생산량÷목표 생산량)×100	고부가가치 제품 품목	분기	재활용 제품 생산 공정 보고서	부가가치 제품팀

선진	산업폐기물 매립률 감소율	산업폐기물 중 매립 처리되는 비율의 연간 감소율	((전년도 매립률－금년도 매립률)÷전년도 매립률)×100	폐기물 처리 업체	반기	지자체 폐기물 처리 통계	폐기물감축팀
기존	폐기물 분리배출률	산업폐기물 중에서 분리배출된 폐기물 비율	(분리배출량÷총 폐기물 발생량)×100	산업폐기물	월	지자체 분리배출 실적 보고서	배출관리팀
선진	첨단 재활용 기술 도입 비율	국제적으로 인정받은 첨단 재활용 기술의 국내 도입 비율	(도입첨단기술수÷국제인증첨단기술수*)×100 * OECD, UNEP, EU환경기구	첨단 기술을 적용한 설비 및 공정	반기	국제기구 인증 자료, R&D 보고서	국제기술협력팀

③ 성과지표의 유형분류

* 지표 Pool을 이용하여 주요사업의 단위사업별로 분류하여 작성한다.

주요사업		폐기물 재활용 확대 사업		
사업정의		폐기물 재활용률을 높여 자원 순환과 환경 보전에 기여		
단위사업		산업용 폐기물 재활용		
성과목표		산업폐기물 재활용률 10% 향상		
투입지표	지표명	재활용 설비 투자율	유형분류 근거	재활용설비의 투입 적정성 측정
	지표정의	재활용 설비 및 기술 개발을 위한 실제 투자 비율		
	측정산식	(재활용 투자예산÷총 투자예산)×100		
	측정항목	총 투자예산, 재활용 설비 투자 예산	데이터출처	예산 집행보고서, 설비 투자보고서

구분	항목	내용	항목	내용
결과지표	지표명	산업폐기물 재활용률	유형분류 근거	재활용 활동의 최종 성과를 측정
	지표정의	사업 대상 산업폐기물 중 재활용 처리된 폐기물의 비율		
	측정산식	(재활용된 산업폐기물량÷총 산업폐기물량)×100		
	측정항목	총 발생 산업폐기물량, 재활용 처리 폐기물량	데이터출처	환경부 자원순환통계시스템, KOSIS
산출지표	지표명	고부가가치 재활용 제품 생산량	유형분류 근거	경제적가치 창출로 연계된 성과측정
	지표정의	산업폐기물을 활용하여 생산된 고부가가치 재활용 제품의 총생산량		
	측정산식	(고부가가치 재활용 제품 생산량 ÷ 목표생산량) × 100		
	측정항목	제품별 생산량	데이터출처	재활용 제품 생산 공정 보고서
결과지표	지표명	산업폐기물 매립률 감소율	유형분류 근거	최종성과로서 매립 최소화 여부 평가
결과지표	지표정의	산업폐기물 중 매립 처리되는 비율의 연간 감소율		
	측정산식	((전년도 매립률−금년도 매립률)÷전년도 매립률) × 100		
	측정항목	연간 매립 폐기물량, 총 폐기물 발생량	데이터출처	지자체 폐기물 처리 통계
과정지표	지표명	폐기물 분리배출률	유형분류 근거	분리배출 진행상황의 과정측정
	지표정의	산업폐기물 중에서 분리배출된 폐기물 비율		
	측정산식	(분리배출량 ÷ 총 폐기물 발생량) × 100		
	측정항목	총 폐기물 발생량, 분리배출량, 항목별 분리배출 비율	데이터출처	지자체 분리배출 실적보고서
과정지표	지표명	첨단 재활용 기술 도입 비율	유형분류 근거	기술도입 진행상황의 과정측정

과정지표	지표정의	국제적으로 인정받은 첨단 재활용 기술의 국내 도입 비율		
	측정산식	(도입첨단기술수÷국제인증첨단기술수) × 100		
	측정항목	도입 기술 수, 국제 인증 기술 목록, 기술 적용 시설 수	**데이터출처**	국제기구 인증자료, R&D보고서

(4) 4단계: 성과지표 선정

① 선정기준 및 가중치 설정

선정기준	SMART	전략연계	국민체감	정부정책	ESG	합계
선택	○	○			○	
가중치	80	10			10	100

* 선정기준과 가중치는 기관의 정책방향에 따라 다양하게 적용할 수 있음.

② 성과지표 선정

- 주요사업: 폐기물 재활용 확대 사업

| 단위 사업 | 성과지표 POOL | 지표 유형 | SMART | | | | | 전략 연계 (10) | ESG (10) | 합계 | 선정 |
			S (20)	M (20)	A (15)	R (15)	T (10)				
산업용 폐기물 재활용	재활용 설비 투자율	투입	19	20	14	15	9	10	9	96	○
	산업폐기물 재활용률	결과	20	20	15	15	10	10	10	100	○
	고부가가치 재활용 제품 생산량	산출	19	19	14	14	9	10	9	94	○
	산업폐기물 매립률 감소율	결과	20	19	15	15	10	10	10	99	○
	폐기물 분리 배출률	과정	18	18	12	14	8	9	10	89	×
	첨단 재활용 기술 도입 비율	과정	17	18	12	13	8	9	9	86	×

[결과 해석]

- 산업폐기물 재활용률과 산업폐기물 매립률 감소율은 명확성, 측정가능성, 전략연계성, ESG 반영에서 최고 점수를 기록하며, 조직의 전략목표를 효과적으로 지원하는 핵심 결과지표로 매우 적합
- 재활용 설비 투자율은 투입지표로서 자원 투입의 효율성을 잘 반영하지만, 성과와의 인과성 부분에서 보완 필요
- 고부가가치 재활용 제품 생산량은 산출지표로 경제적가치 창출을 효과적으로 측정하지만, 성과 연결성을 강화하면 더욱 완성도 높은 지표가 될 수 있음
- 폐기물 분리배출률은 재활용 기반 조성에 중요한 과정지표로, ESG(환경) 측면에서 우수하지만, 성과 연결성과 적시성에서 다소 보완 필요
- 첨단 재활용 기술 도입 비율은 기술혁신 성과를 반영하는 과정지표로, 기술 도입의 명확성과 성과 연결성, 적시성에서 보완 필요

(5) 5단계: 성과지표 적합성 검증

주요사업	폐기물 재활용 확대 사업			
단위사업	산업용 폐기물 재활용			
성과지표	적합성 검증			검증결과
재활용 설비 투자율	산출식	산출식이 명확하고 실제 투자 실적의 정확한 측정과 조직의 자원 투입 효율성을 효과적으로 평가		적합
	사업 대표성	설비와 기술 투자를 통해 사업 기반 강화와 성과 창출로 연결되는 필수적인 투입 요소를 대표		
	연계성	자원순환기본계획, 탄소중립정책 등 정부의 환경 정책과 긴밀히 연계		
	유형	계량지표 / 투입지표		
산업 폐기물 재활용률	산출식	지표정의와 산출식이 명확하며, 성과목표와 직접적으로 연결되어 효과적인 실적 평가 가능		적합
	대표성	환경 보호와 자원순환을 달성하기 위한 핵심 목표이며, 사업의 직접적인 결과를 측정하는 대표지표		
	연계성	탄소중립, 순환경제활성화 정책과 같은 국가 환경 정책과 연계, 환경보호를 위한 사회적 요구에 부합		
	유형	계량지표 / 결과지표		
고부가 가치 재활용 제품 생산량	산출식	산출식이 명확하고 측정 가능 형태로 정의되어 있으며, 경제적 성과와 자원 활용도 평가에 적합		적합
	대표성	단순 재활용에서 나아가 고부가가치화를 통한 경제적 부가가치 창출은 사업의 발전 방향을 대표		
고부가 가치 재활용 제품 생산량	연계성	자원 재활용을 통한 경제 활성화와 일자리 창출 같은 사회적 이슈와도 연계		적합
	유형	계량지표 / 산출지표		
산업 폐기물 매립률 감소율	산출식	지표정의와 산출식이 명확하며, 장기적인 환경보호 성과를 평가하기에 매우 적합		적합

산업 폐기물 매립률 감소율	대표성	매립 최소화는 산업폐기물 관리의 궁극적 목표이며, 폐기물 처리의 효율성을 보여주는 대표지표	적합
	연계성	자원순환기본계획, 탄소중립실현전략 등 중장기전략과 밀접하게 연결	
	유형	계량지표 / 결과지표	

[결과 해석]

- 네 가지 지표는 성과측정의 모든 단계를 균형 있게 반영하고 있으며, 조직의 전략목표 및 정부정책과 사회적 요구를 만족하는 적합한 성과지표다.
- 성과지표를 최종적으로 확정하는 단계에서 계량지표 우선, 결과지표 우선, 대표지표 우선의 기준에 따라 성과지표를 확정한다.

※ 투입지표인 '재활용 설비 투자율'은 성과지표 적합성은 검증되었으나, 결과·산출지표를 우선해 확정하는 기준에서 제외할 수 있다.

(6) 6단계: 성과지표 목표설정

주요사업	폐기물 재활용 확대 사업
단위사업	산업용 폐기물 재활용
성과지표	

① 재활용 설비 투자율

평가방식 및 산식		목표부여(편차) 상향지표	(재활용 투자예산÷총 투자예산)×100
목표 설정	목표	최고목표: 34%, 최저목표: 28%	
	근거	• 목표부여(편차) 평가방법에 따른 기준치에 2×표준편차 적용	
목표의 도전성		• 최근 5년 평균 증가율(3.5%p)의 약 2배(6%p)에 해당하는 매우 도전적인 목표 • 설비 투자율 31%는 역대 최고 실적(25%) 대비 24% 상승한 수치	
사업의 여건		• 글로벌 공급망 불안정에 따른 원자재가격 급등으로 비용 20% 증가 • 탄소중립 규제 강화에 따른 친환경 설비 전환 압박 • 수명 15년 초과 설비 비중 45% 등 국내 재활용 설비 노후화 • 첨단 설비 해외 의존도 70% 등 고도화설비 기술 국산화율 부족	
달성방안		• 정부 지원금 및 녹색성장기금 500억 원 추가 확보 • 노후 설비 조기 교체 프로그램 운영으로 효율성 강화 • 국산 설비 기술개발 R&D 투자 확대, 민간 투자유치 활성화	

② 산업폐기물 재활용률

평가방식 및 산식		목표부여(편차) 상향지표	(재활용된 산업폐기물량÷총 산업폐기물량)×100
목표 설정	목표	최고목표: 74%, 최저목표: 68%	
	근거	• 목표부여(편차) 평가 방법에 따른 기준치에 2×표준편차 적용	

목표의 도전성	• 최근 5년 평균 증가율(3.2%p)의 약 1.25배(4%p) 증가 목표 • 정부 자원순환사회실현목표(70%)를 초과 달성하는 도전적인 목표 • EU 재활용 목표(75%)와 선진국 수준으로 끌어올리기 위한 전략적 목표설정
사업의 여건	• 중소기업의 비용 부담으로 분리배출 및 재활용 참여율 55% 불과 • 산업폐기물 불법 투기 및 불법 매립 증가(전년도 1,500건 적발) • 분리배출 기준이 복잡해 현장 적용 어려움 • 재활용품 가격 폭락(전년 대비 35% 하락)으로 수익성 악화
달성방안	• 재활용 의무화 대상 확대 및 분리배출 기준 단순화 • CCTV 및 IoT 기반 실시간 감시 도입으로 불법 폐기물 단속 강화 • 재활용 전용 보조금 200억 원 신설로 중소기업 지원 확대 • 해외 수출지원 및 국내기업 구매촉진 등 재활용품 판로 개척

③ 고부가가치 재활용 제품 생산량

평가방식 및 산식	목표대 실적	(고부가가치 재활용 제품 생산량÷목표생산량)×100				
목표 설정	목표	2025년 목표: 5만 톤 생산				
	근거	• 정부 제5차 폐기물처리기본계획의 재활용계획에 따라 목표 수립				
목표의 도전성	• 평균 증가율(17%)의 약 1.5배에 해당하는 25% 증가 목표 설정 - 최근 실적 추이					
		연도	2021	2022	2023	2024	2025(목표)
		생산량(만톤)	2.5	3.0	3.5	4.0	5.0
		증가율		+20%	+16.7%	+14.3%	+25%
	- 최근 4년간('21~'24) 평균 증가율: 약 17% • 금년도 목표(5만 톤)는 역대 최고 실적(4만 톤) 대비 25% 상승한 도전적인 목표 • 일본 재활용산업 수준(연간 30% 성장)에 근접한 성장률 목표					
사업의 여건	• 기술력 부족으로 고부가가치 제품 생산 라인 구축 비용 25% 초과 • 폐플라스틱, 폐금속 등 원료 가격 변동으로 생산 단가 30% 급등 • 친환경제품 구매 비율 12%로, 낮은 소비자 선호도 인식 • 국내 시장 포화 및 해외 판로 부족으로 제품 판매량 한계					

달성방안	• 첨단 재활용 기술 R&D 투자 확대로 기술경쟁력 강화 • 해외 시장 진출을 위한 수출 판로 개척으로 연간 수출 1만 톤 달성 • 친환경 인증 확대 및 브랜드 마케팅 강화로 소비자 신뢰 확보 • 공공기관 구매 우선 정책 도입으로 국내 판로 30% 확대

④ 산업폐기물 매립률 감소율

평가방식 및 산식	목표부여(편차) 하향지표	((전년도 매립률-금년도 매립률)÷전년도 매립률)×100				
목표 설정	목표	최고목표: 22%, 최저목표: 28%				
	근거	• 목표부여(편차) 평가방법에 따른 기준치에 2×표준편차 적용				
목표의 도전성	• 평균 감소율(2.5%p) 대비 2배(5%p)의 감소 목표설정 • 정부의 산업폐기물 매립 최소화 정책(25%)을 선제적으로 달성하는 도전적 목표 • 산업폐기물 매립률 | 연도	2020	2021	2022	2023	2024
실적	40%	38%	35%	32%	30% | - 평균 연간 감소율 2.5%p, 표준편차 3.8						
사업의 여건	• 매립 비용 저렴으로 재활용보다 매립 선호 경향 지속 • 전국 17개 매립지 중 60% 이상 포화 상태로 포화 문제 심각 • 자원화 설비 부족과 기술 미흡으로 처리 한계 • 매립 규제 미흡으로 자발적 재활용 참여 저조					
달성방안	• 매립 부담금 2배 인상으로 매립 유도 억제 및 재활용 전환 유도 • 자원화 설비 30% 확대 및 최신 기술 도입 • 드론 및 AI 감시 시스템 도입 등 불법 매립 단속 강화 • 기업별 재활용 목표제 도입 및 이행 평가제도 강화					

(7) 7단계: 성과지표 상세화

주요사업	폐기물 재활용 확대 사업
단위사업	산업용 폐기물 재활용
성과지표	

① 재활용 설비 투자율

평가방식	목표부여(편차), 상향지표	지표유형		투입지표		
지표정의	재활용 설비 및 기술개발을 위한 실제 투자 비율					
지표산식	(재활용 투자예산÷총 투자예산)×100					
실적추이 (최근 5년실 적분석)	• 실적추이(5년) | 연도 | 2020 | 2021 | 2022 | 2023 | 2024 | | 실적 | 18% | 20% | 22% | 23% | 25% | • 최근 5개년 연평균 1.75% 증가 추세를 보이고 있음					
목표설정	• 목표: 최고목표 34%, 최저목표 28% • 근거: 목표부여(편차) 평가방법에 따른 기준치에 2×표준편차 적용					
목표의 도전성	• 최근 5년 평균 증가율(3.5%p)의 약 2배(6%p)에 해당하는 도전적인 목표 • 최고목표(34%)는 2024년 실적(25%) 대비 9%p 증가한 수치로, 이는 최근 5개년 평균 증가율의 약 5.7배에 해당하는 상향목표임					
사업의 여건	• 글로벌 공급망 불안정에 따른 원자재가격 급등으로 비용 20% 증가 • 탄소중립 규제 강화에 따른 친환경 설비 전환 압박 • 수명 15년 초과 설비 비중 45% 등 국내 재활용 설비 노후화 • 첨단 설비 해외 의존도 70% 등 고도화설비 기술 국산화율 부족					
달성방안	• 정부지원금 및 녹색성장기금 500억 원 추가 확보 • 노후설비 조기 교체 프로그램 운영으로 효율성 강화 • 국산설비 기술개발 R&D 투자 확대 • 민간 투자유치 활성화					
측정방법	• 연간 투자예산 집행 실적분석					
측정항목	• 총 투자예산, 재활용 설비 투자 예산					
데이터 출처	• 예산 집행보고서, 설비 투자보고서					

중장기전략 목표	• 폐기물 재활용률 70% 이상 확대
국정과제 (정부정책)	• 자원순환사회 실현, 탄소중립 2050
성과목표	• 산업폐기물 재활용률 10% 향상
지표관리	• 관리조직: 투자기획팀 • 관리주기: 분기 • 조직평가 연계: 해당부서 조직평가와 연계 반영

② 산업폐기물 재활용률

평가방식	목표부여(편차), 상향지표		지표유형		결과지표	
지표정의	사업 대상 산업폐기물 중 재활용 처리된 폐기물의 비율					
지표산식	(재활용된 산업폐기물량÷총 산업폐기물량)×100					
실적추이 (최근 5년 실적분석)	• 실적추이(5년) | 연도	2020	2021	2022	2023	2024
실적	60%	62%	64%	66%	68% | • 최근 5개년 연평균 2% 증가추세를 보이고 있음						
목표설정	• 목표: 최고목표 74%, 최저목표 68% - 2025년 기준치: 71% (전년도 실적 68% 대비 +3%p 증가) • 근거: 목표부여(편차) 평가방법에 따른 기준치에 2×표준편차 적용					
목표의 도전성	• 최근 5년 평균 증가율(3.2%p)의 약 1.25배(4%p) 증가 목표 • 정부 자원순환사회실현목표(70%)를 초과 달성하는 도전적인 목표 • EU 재활용 목표(75%)와 선진국 수준으로 끌어올리기 위한 전략적 목표설정					
사업의 여건	• 중소기업의 비용 부담으로 분리배출 및 재활용 참여율 55% 불과 • 산업폐기물 불법 투기 및 불법 매립 증가(전년도 1,500건 적발) • 분리배출 기준이 복잡해 현장 적용 어려움 • 재활용품 가격 폭락(전년 대비 35% 하락)으로 수익성 악화					
달성방안	• 재활용 의무화 대상 확대 및 분리배출 기준 단순화 • CCTV 및 IoT 기반 실시간 감시 도입으로 불법 폐기물 단속 강화 • 재활용 전용 보조금 200억 원 신설로 중소기업 지원 확대 • 해외 수출지원 및 국내기업 구매촉진 등 재활용품 판로 개척					

측정방법	• 산업폐기물 처리 통계 분석 자료
측정항목	• 총 발생 산업폐기물량, 재활용처리 폐기물량
데이터 출처	• 환경부 자원순환통계시스템, KOSIS
중장기 전략목표	• 폐기물 재활용률 70% 이상 확대
국정과제 (정부정책)	• 자원순환사회 실현, 탄소중립 2050
성과목표	• 산업폐기물 재활용률 10% 향상
지표관리	• 관리조직: 폐기물관리팀 • 관리주기: 월 • 조직평가 연계: 해당부서 조직평가와 연계 반영

③ 고부가가치 재활용 제품 생산량

평가방식	목표대 실적		지표유형		산출지표	
지표정의	산업폐기물을 활용하여 생산된 고부가가치 재활용 제품의 총생산량					
지표산식	(고부가가치 재활용 제품 생산량÷목표생산량)×100					
실적추이 (최근 5년 실적 분석)	• 실적추이(5년) | 연도	2021	2022	2023	2024	2025(목표)
---	---	---	---	---	---
생산량(만톤)	2.5	3.0	3.5	4.0	5.0
증가율		+20%	+16.7%	+14.3%	+25% | • 직전 4년간('21~'24) 평균 증가율: 약 17% • 2023년 목표: 전년 대비 25% 증가한 5만 톤 설정					
목표 설정	• 목표: 2025년 5만 톤 생산 - 전년도 실적 4만 톤 대비 1만 톤(25%) 증가 • 근거: 정부 제5차 폐기물처리기본계획의 재활용계획에 따라 목표수립					
목표의 도전성	• 평균증가율(17%)의 약 1.5배에 해당하는 25% 증가 목표설정 • 금년도 목표(5만 톤)는 역대 최고 실적(4만 톤) 대비 25% 상승한 도전적인 목표임 • 일본 재활용 산업 수준(연간 30% 성장)에 근접한 성장률 목표					

사업의 여건	• 기술력 부족으로 고부가가치 제품 생산 라인 구축 비용 25% 초과 • 폐플라스틱, 폐금속 등 원료 가격 변동으로 생산 단가 30% 급등 • 친환경제품 구매 비율 12%로, 낮은 소비자 선호도 인식 • 국내 시장 포화 및 해외 판로 부족으로 제품 판매량 한계
달성방안	• 첨단 재활용 기술 R&D 투자 확대로 기술경쟁력 강화 • 해외시장 진출을 위한 수출 판로 개척으로 연간 수출 1만 톤 달성 • 친환경 인증 확대 및 브랜드 마케팅 강화로 소비자 신뢰 확보 • 공공기관 구매 우선 정책 도입으로 국내 판로 30% 확대
측정방법	• 생산 실적보고서
측정항목	• 제품별 생산량
데이터 출처	• 재활용 제품 생산 공정 보고서
중장기 전략목표	• 폐기물 재활용률 70% 이상 확대
국정과제 (정부 정책)	• 자원순환사회 실현, 탄소중립 2050
성과목표	• 산업폐기물 재활용률 10% 향상
지표관리	• 관리조직: 부가가치제품팀 • 관리주기: 분기 • 조직평가 연계: 해당부서 생산 목표 달성도 평가

④ 산업폐기물 매립률 감소율

평가방식	목표부여(편차), 하향지표		지표유형		결과지표	
지표정의	산업폐기물 중 매립 처리되는 비율의 연간 감소율					
지표산식	((전년도 매립률−금년도 매립률)÷전년도 매립률)×100					
실적추이 (최근 5년 실적분석)	• 실적추이(5년)					
	연도	2020	2021	2022	2023	2024
	실적	40%	38%	35%	32%	30%
	• 최근 4개년 간 매립률은 연간 평균 2.5%p 감소 추세					

목표설정	• 목표: 최고목표 22%, 최저목표 28% - 2025년 기준치: 25% (전년도 30%에서 5%p 감소) • 근거: 목표부여(편차) 평가방법에 따른 기준치에 2×표준편차 적용
목표의 도전성	• 평균 감소율(2.5%p) 대비 2배(5%p)의 감소 목표설정 • 정부의 산업폐기물 매립 최소화 정책(25%)을 선제적으로 달성하는 도전적 목표
사업의 여건	• 매립 비용 저렴으로 재활용보다 매립 선호 경향 지속 • 전국 17개 매립지 중 60% 이상 포화 상태로 포화 문제 심각 • 자원화 설비 부족과 기술 미흡으로 처리 한계 • 매립 규제 미흡으로 자발적 재활용 참여 저조
달성방안	• 매립 부담금 2배 인상으로 매립 유도 억제 및 재활용 전환 유도 • 자원화 설비 30% 확대 및 최신 기술 도입 • 드론 및 AI 감시 시스템 도입 등 불법 매립 단속 강화 • 기업별 재활용 목표제 도입 및 이행 평가제도 강화
측정방법	• 지자체 폐기물 처리 통계 및 환경부 자료 분석
측정항목	• 연간 매립 폐기물량, 총폐기물 발생량
데이터 출처	• 지자체 폐기물 처리 통계
중장기 전략목표	• 폐기물 재활용률 70% 이상 확대
국정과제 (정부정책)	• 자원순환사회 실현, 탄소중립 2050
성과목표	• 산업폐기물 재활용률 10% 향상
지표관리	• 관리조직: 폐기물감축팀 • 관리주기: 반기 • 조직평가 연계: 해당부서 연간 매립률 감축 실적 평가

2. 성과지표 개발 연습문제

(1) 문제 1: SOC 산업의 성과지표 개발

- 산업분야: SOC(사회간접자본)
- 기관명: 대한스마트인프라개발공사K-SIDC
- 미션: 지속 가능한 첨단 인프라를 통해 국민 삶의 질 향상과 경제 성장에 기여
- 비전: 2045년까지 아시아 최고 수준의 디지털 인프라 구축 선도 공기업
- 핵심가치: 효율성, 지속가능성, 혁신성
- 기관의 전략목표

전략목표	전략과제	중점추진계획
스마트 교통망 확대	디지털 교통 플랫폼 구축	IoT 기반 스마트 도로 설계
도시 개발 효율화	친환경 도시재생 프로젝트	에너지 효율이 높은 주거단지 개발
스마트 물류기반 조성	자동화 물류센터 건립	AI 기반 물류 최적화 기술 도입

- 주요사업
  - 사업 1. 스마트 도로망 구축 사업(정의: IoT 센서를 활용한 도로 교통량 최적화 설계)
  - 사업 2. 친환경 도시재생 사업(정의: 낙후된 도시를 친환경적 재건축)
  - 사업 3. 자동화 물류센터 사업(정의: 물류시스템 효율화를 위한 자동화 기술 도입)
- 주요사업별 단위사업 및 성과목표

주요사업	단위사업	성과목표
스마트 도로망 구축 사업	교통 소통 사업	교통 혼잡 시간 20% 단축
	교통 안전 사업	사고 발생률 15% 감소
	교통 정보 사업	교통 정보 활용률 10% 향상
친환경 도시재생 사업	저에너지 조성 사업	주택 에너지 사용량 25% 감소
	도시공원 조성 사업	녹지 공간 비율 40% 확대
	폐자재 재활용 사업	건설 폐기물 재활용률 60% 달성
자동화 물류센터 사업	스마트 분류 사업	물류 처리 시간 30% 단축
	스마트 배송 사업	물류 배송 정확도 10% 향상
	스마트 정보 사업	물류 데이터 처리정확도 98% 달성

- 내부환경: 기존 인프라와 스마트 기술 간의 연계 부족, 친환경 건설 기술 및 자재 활용 기술 미흡, 전문 인력과 조직역량 부족, 인프라 사업 전문성과 경험 보유
- 외부환경: 정부의 스마트시티 및 디지털 인프라 정책 강화, 디지털 뉴딜 등 정부 주도의 스마트 인프라 사업 확대, 환경 보호 및 안전에 관한 국민 관심 증가

(2) 문제 2: 환경산업의 성과지표 개발

- 산업분야: 환경
- 기관명: 한국환경보호공단K-EPA
- 미션: 지속 가능한 환경 보전과 자원순환을 통한 깨끗하고 건강한 미래 실현
- 비전: 2050년 탄소중립 실현을 선도하는 글로벌 환경 전문 기관
- 핵심가치: 지속가능성, 친환경성, 혁신성
- 기관의 전략목표

전략목표	전략과제	중점추진계획
탄소중립 실현	온실가스 감축 사업 확대	신재생에너지 도입 및 친환경 설비 전환
자원순환 활성화	폐자원 재활용 및 자원화 촉진	폐기물 재활용률 향상 및 순환경제 구축
환경오염 저감	대기·수질 환경 개선	친환경 기술 도입 및 오염물질 배출 감축

- 주요사업
- 사업 1. 온실가스 감축 사업(정의: 온실가스 배출량을 줄이고 탄소중립 실현)
- 사업 2. 자원순환 촉진 사업(정의: 자원순환 체계 구축 및 재활용률 향상)
- 사업 3. 환경오염 저감 사업(정의: 친환경 기술 도입 및 오염물질 관리 강화)
- 주요사업별 단위사업 및 성과목표

주요사업	단위사업	성과목표
온실가스 감축 사업	신재생에너지 사업	온실가스 감축량 200만 톤 달성
	에너지 효율화 사업	에너지 사용량 30% 절감
	탄소배출 감축 사업	탄소포집 및 저장량 100만 톤 달성

자원순환 촉진 사업	환경오염 저감 사업	폐기물 재활용률 85% 달성
	분리배출 자동화 사업	분리배출 정확도 90% 도달
	순환자원 플랫폼 사업	순환자원 거래 규모 500억 원 달성
환경오염 저감 사업	대기오염 방지 사업	미세먼지 배출량 40% 감축
	수질 정화 사업	수질오염도 30% 개선
	오염 감시 사업	오염물질 배출 감시율 99% 달성

- 내부환경: 친환경 기술개발 역량과 연구개발 예산 부족, 노후화된 환경 관리 시설과 데이터 통합 관리체계 미비, 자원순환 설비 투자 및 운영 인력 부족
- 외부환경: 탄소중립 2050 및 ESG 경영을 강조하는 글로벌 정책 강화, 환경규제 강화 및 국제환경협약 이행 압박, 자원순환 및 폐기물 관리에 대한 국민적 관심 증가, 환경 재해 빈도 증가

(3) 문제 3: 사회복지산업의 성과지표 개발

- 산업분야: 사회복지
- 기관명: 한국복지서비스공단K-WSS
- 미션: 모두가 누리는 포용적 복지 서비스를 통해 국민 삶의 질 향상
- 비전: 2035년까지 복지 사각지대 제로(0) 달성, 국민 만족도 1위 복지기관 도약
- 핵심가치: 포용성, 신뢰성, 지속가능성
- 기관의 전략목표

전략목표	전략과제	중점추진계획
복지 사각지대 해소	복지 정보 접근성 확대	복지 정보 통합 플랫폼 구축 및 운영
취약계층 생활 안정 지원	긴급 복지 서비스 강화	긴급 지원체계 고도화 및 서비스 확대
맞춤형 복지 서비스 제공	돌봄 서비스 확대	노인·장애인 돌봄 서비스 확대

- 주요사업
    - 사업 1. 복지 사각지대 해소 사업(정의: 복지 정보 접근성을 강화하고 맞춤형 복지 서비스 제공)
    - 사업 2. 긴급 복지 서비스 강화 사업(정의: 위기 취약계층 대상으로 신속한 긴급 복지 서비스 지원)
    - 사업 3. 맞춤형 돌봄 서비스 확대 사업(정의: 돌봄 필요 취약계층 대상 맞춤형 돌봄 서비스 제공)

- 주요사업별 단위사업 및 성과목표

주요사업	단위사업	성과목표
복지 사각지대 해소 사업	복지 정보통합 사업	복지 서비스 이용자 200만 명 확보
	복지 상담 서비스 사업	연간 상담 건수 50만 건 달성
	지역복지 네트워크 사업	지역기관 간 협력 네트워크 300건 구축
긴급 복지 서비스 강화 사업	긴급 생계지원 사업	긴급 생계지원 수혜자 5만 가구 지원
	긴급 의료지원 사업	의료비 지원 수혜자 1만 명 지원
	위기가정 긴급 지원 서비스	위기가정 지원 대응시간 20% 단축
맞춤형 돌봄 서비스 확대 사업	노인돌봄 서비스 사업	돌봄 서비스 수혜 노인 10만 명 달성
	장애인지원 서비스 사업	장애인 지원 서비스 제공 3만 명 확보
	ICT돌봄 서비스 사업	ICT 돌봄 기기 보급 5천 대 설치

- 내부환경: 복지서비스 전달체계의 디지털화 미흡 및 정보시스템 노후화, 현장 인력 부족과 복지 서비스 품질 편차, 복지 사각지대 발굴을 위한 통합 데이터 체계 미흡
- 외부환경: 고령화와 1인 가구 증가로 돌봄 서비스 수요 급증, 경제 불황과 소득 양극화로 취약계층 확대, 사회적 약자 보호에 대한 국민 관심 증가, 정부의 복지 예산 확대

(4) 문제 4: 에너지산업의 성과지표 개발

- 산업분야: 에너지
- 기관명: 한국신재생에너지공사K-REC
- 미션: 지속 가능한 미래를 위한 청정 에너지 개발과 친환경 전환 선도
- 비전: 2050년 탄소중립 실현을 선도하는 글로벌 에너지 혁신 기업
- 핵심가치: 혁신성, 친환경성, 효율성
- 기관의 전략목표

전략목표	전략과제	중점추진계획
신재생에너지 생산 확대	태양광·풍력 발전소 확충	연간 재생에너지 생산 비율 50% 달성
에너지 효율성 제고	스마트 에너지관리 시스템 도입	에너지 효율 30% 향상
탄소배출 저감	친환경 에너지 전환	온실가스 배출량 20% 감축

- 주요사업
    - 사업 1. 신재생에너지 발전 사업(정의: 신재생에너지 확대로 에너지생산량 증가와 탄소중립 실현)
    - 사업 2. 에너지 효율화 사업(정의: 스마트 에너지관리 시스템과 고효율 설비 도입)
    - 사업 3. 탄소배출 저감 사업(정의: 청정에너지와 에너지 효율화를 통해 온실가스 배출량 저감)

- 주요사업별 단위사업 및 성과목표

주요사업	단위사업	성과목표
신재생에너지 발전 사업	태양광 발전소 확대 사업	태양광 발전 용량 5GW 추가 확보
	해상풍력 발전소 구축 사업	해상풍력 발전소 3GW 신규 설치
	수소 에너지 생산 사업	수소 에너지 생산량 50만 톤 달성
에너지 효율화 사업	스마트 에너지 구축 사업	에너지 효율성 30% 향상
	고효율 에너지 보급 사업	고효율 설비 설치 건수 5,000건 달성
	에너지 저장장치 도입 사업	ESS 설치 용량 2GW 확보
탄소배출 저감 사업	탄소포집 및 저장 사업	온실가스 감축량 100만 톤 달성
	탄소배출권 거래 사업	거래량 500만 톤 달성
	탄소배출 저감 기술개발 사업	탄소 저감 신기술 10건 상용화

- 내부환경: 신재생에너지 분야의 기술경쟁력과 설비 투자 부족, 기존 에너지 기반 시설 중심으로 운영되는 사업구조, 연구개발 예산 부족으로 신기술 개발 한계
- 외부환경: 탄소중립 2050 및 RE100 이행을 위한 정부정책 강화, 기후변화 대응과 온실가스 감축에 대한 국제사회 요구 증가, 에너지 가격 불안정과 친환경 에너지 투자 수요 증가

(5) 문제 5: 금융산업의 성과지표 개발

- 산업분야: 금융
- 기관명: 한국디지털금융공사 K-DFC
- 미션: 혁신적이고 안전한 금융서비스 제공을 통한 지속 가능한 경제 성장 지원
- 비전: 2030년까지 글로벌 디지털 금융 시장을 선도하는 금융기관
- 핵심가치: 안정성, 혁신성, 고객 중심
- 기관의 전략목표

전략목표	전략과제	중점추진계획
디지털 금융 서비스 확대	모바일·온라인 금융 강화	디지털 금융 플랫폼 고도화 및 AI 서비스 확대
금융 보안 강화	보안 시스템 고도화	AI 기반 보안시스템 구축으로 보안사고 제로화
고객맞춤형 금융서비스 제공	데이터기반 맞춤형 서비스	빅데이터 분석 기반 개인화 서비스 제공

- 주요사업
    - 사업 1. 디지털 금융서비스 사업(정의: 디지털 금융서비스를 고도화하여 신개념 금융서비스 도입)
    - 사업 2. 금융 보안 강화 사업(정의: AI 기반 데이터 보안 강화로 고객 정보 보호와 금융 사고 예방)
    - 사업 3. 고객 맞춤형 서비스 사업(정의: 빅데이터 기술을 활용해 개인화된 금융상품 서비스 제공)

- 주요사업별 단위사업 및 성과목표

주요사업	단위사업	성과목표
디지털 금융 서비스 사업	디지털 금융 고도화 사업	디지털 서비스 이용자 1,000만 명 확보
	모바일 뱅킹 서비스 사업	모바일 거래 비중 70% 달성
	핀테크 협업 사업	핀테크 기업 제휴서비스 20건 확대
금융 보안 강화 사업	AI 금융 보안 사업	보안 사고 발생 "0" 유지
	이상 거래 탐지 사업	이상 거래 탐지율 99% 달성
	금융사고 대응 사업	사고 대응 시간 30% 단축
고객 맞춤형 서비스 사업	맞춤형 금융서비스 사업	맞춤형 금융상품 가입 500만 명 달성
	AI 고객 상담 사업	AI 상담 서비스 이용률 85% 달성
	데이터 마케팅 사업	마케팅 캠페인 반응률 20% 증가

- 내부환경: 디지털 전환을 위한 IT 인프라 부족 및 보안 시스템 노후화, 빅데이터와 AI 전문인력 부족, 디지털 서비스 간 연계성 미흡으로 인한 사용자 편의성 저하
- 외부환경: 핀테크 산업의 급성장과 디지털 금융 서비스 경쟁 심화, 사이버 공격과 해킹 위협 증가, 고객의 금융서비스 개인화 요구 증가, 정부의 디지털 금융 활성화 정책 및 규제 완화

3.
성과지표 개발 Q&A

> Q1. 하나의 단위사업이 여러 개의 세부 사업으로 구성된 경우, 각 세부 사업의 성과지표를 하나로 묶어 단일 성과지표로 설정해도 되나요?

A1.

한 사업에서 다양한 성과지표를 하나로 묶어 가중치를 부여하거나 지수화된 형태로 성과지표를 설정하는 것은 다음과 같은 이유로 지양하는 것이 바람직합니다.

① 성과의 구체성이 떨어집니다.
- 다양한 지표를 하나의 값으로 통합하면, 성과 달성 정도와 목표치 수준을 구체적으로 파악하기 어려워집니다.
- 결과적으로 성과지표의 존재 의미가 불분명해집니다.

② 객관성과 신뢰성이 낮아집니다.
- 통합 과정에서 가중치를 부여할 때 기준의 주관성이 개입될 위험이 있습니다.
- 이는 성과평가의 신뢰성을 해칠 수 있습니다.

③ 핵심 결과지표는 분리해 관리하는 것이 좋습니다.
- 다수의 지표를 통합하기보다는 핵심 결과지표를 독립적으로 설정하여 관리하는 것이, 성과를 명확히 표현하고 평가의 신뢰성을 높이는 데 효과적입니다.

〈예시〉 기후변화 과학정보 생산 및 서비스 사업

개요
A 기관은 기후변화 정보를 생산하고 이를 회원국에 제공하는 "기후변화 과학정보 생산 및 서비스 사업"을 수행하고 있습니다.
- 성과지표: 기후과학정보 활용 지수
- 산출식: [(기후변화 분석자료 생산건수×10%)+(회원국 서비스 만족도×90%)]×100

문제점
- 기후변화 분석자료 생산건수(산출, 계량지표)와 회원국 서비스 만족도(결과, 정성지표) 지표의 유형과 성격이 다릅니다.
- 이를 하나의 성과지표로 묶는 것은 지표의 명확성과 신뢰도를 저하시킬 수 있습니다.
- 가중치(10% vs 90%)의 기준도 불분명해, 평가 결과의 객관성을 훼손할 수 있습니다.

개선방안
- 핵심 결과지표인 '회원국 서비스 만족도'를 독립적인 성과지표로 설정하고,
- '기후변화 분석자료 생산건수'는 보조지표로 별도 관리합니다.
- 이처럼 구분해 설정하면, 성과지표의 신뢰성과 구체성을 동시에 확보할 수 있습니다.

Q2. 성과지표를 '목표 대비 실적(%)' 형태로 설정하는 달성률 방식은 왜 바람직하지 않나요?

A2.

목표 달성률 형태의 성과지표는 성과를 명확히 전달하기 어렵고, 성과정보 관리 측면에서도 다음과 같은 한계가 있습니다.

① 구체적인 성과 파악이 어렵습니다.
- 목표치가 대부분 100%로 표현되므로, 제삼자가 목표 대비 실적의 의미를 구체적으로 이해하기 어렵습니다.
- 이는 사업 성과를 정확하고 객관적으로 평가하기 어려워집니다.

② 지표의 명확성과 책임성이 떨어집니다.
- 목표 달성 여부만을 보여줄 뿐, 목표치 자체의 수준이나 연도별 성과 차이를 파악하기 어렵습니다. 성과지표의 설득력과 책임성이 약화 됩니다.

③ 시계열 분석이 제한됩니다.
- 연도별 100% 목표치에 해당하는 구체적 수치가 다르므로, 성과정보의 연속성을 유지하거나 분석력을 제한합니다.

④ 명시적 목표치 설정이 필요합니다.
- 구체적인 숫자 기반 목표치를 제시해야, 명확하고 책임 있는 성과 관리가 가능합니다.

〈예시〉 **교육인원 목표달성률**

개요
- 성과지표 및 산출식: 교육목표 달성률 = (수료인원÷목표인원)×100

연도	2022	2023	2024	2025
교육목표 달성률(계획)	100%	100%	100%	100%
교육목표 달성률(실적)	90%	95%	96%	-

문제점
- 모든 목표가 100%로 표시되어 사업계획과 실적 간의 관계를 이해하기 어렵습니다.
- 실적 개선이 있었는지, 어느 정도 도달했는지 구체적인 해석이 불가능합니다.

개선방안
- 아래와 같이 명시적인 목표치와 실적치를 구체적으로 제시함으로써,

연도	2022	2023	2024	2025
교육목표 달성률(계획)	2,000명	2,200명	2,400명	2,600명
교육목표 달성률(실적)	1,800명	2,090명	2,304명	-

- 성과의 구체적인 수준과 연도별 변화를 보다 명확히 파악할 수 있습니다.

> Q3. 단속, 감독, 규제, 감시 등을 통해 피해야 할 내용을 억제, 예방, 방지해야 하는 사업의 경우 성과지표 설정은 어떻게 해야 하나요?

A3.

이런 유형의 사업은 성과측정이 복잡하며, 억제 조치가 취해지지 않았을 경우 발생할 상황을 추정하거나, 다른 요인들 속에서 개별사업의 영향을 분리하는 데 어려움이 있습니다.

따라서 성과지표 설정 시 다음과 같은 사항을 고려해야 합니다.

■ 예방, 방지 활동의 결과에 영향을 미치는 요인을 분리하기 어려운 경우

결과지표와 함께 결과에 미치는 영향이 분명한 산출지표 병행 설정
- 단일한 결과지표로는 예방 및 방지 활동의 효과를 정확히 측정하기 어려우므로,
- 결과에 미치는 영향이 분명한 산출지표를 병행하여 설정하는 것이 권장됩니다.

〈예시〉 산림병해충 방제사업

개요
- 본 사업은 산림병해충 적기 방제를 통해 산림생태계의 건강성 유지와 산림자원 손실을 방지하는 데 목적이 있습니다.

문제점
- 산림병해충 발생은 기후 온난화로 인한 병해충 활동 증가, 나무의 생리적 쇠퇴, 가뭄과 장마 등의 기상 요인에 많은 영향을 받으므로,
- '산림병해충 발생률'만으로 사업 활동의 효과를 측정하기에는 한계가 있습니다.

개선방안
- 방제사업실적과 실제 산림병해충 발생 간의 관계를 파악해 볼 수 있도록 결과지표와 함께 산출지표를 설정하는 것이 바람직합니다.
  * 결과지표: 산림병해충 발생 억제 정도를 측정할 수 있는 '산림병해충 발생률'
  * 산출지표: 사업목적 달성과 직결되는 '산림병해충 방제율'
- 이와 같은 방식은 방제사업뿐 아니라 가축·식물방역사업, 국가 예방접종사업 등에서도 유의미한 성과지표로 적용될 수 있습니다.

■ 실패가 용인되지 않는 경우

부정적 결과를 방지해야 하는 사업은 최종 결과지표만으로 성과를 평가하기 어렵습니다. 따라서 방지 장치가 제대로 작동하고 있는지 평가하기 위하여, 과정지표와 산출지표를 함께 활용하는 것이 필요합니다.

① 방지장치의 작동 평가
- 방지 장치의 적절한 작동 여부를 평가하기 위해 과정지표와 산출

지표를 설정합니다.

② 보완적인 성과지표 운영

- 원자력, 항공 등은 사고가 한 건도 없어야 하므로, 결과와 밀접하게 연관된 성과지표를 중심으로 구성합니다.

③ 성과지표의 검증

- 보완 지표를 사용하는 경우, 해당 지표가 최종 결과와 논리적으로 연계됨을 모의실험이나 시뮬레이션 등을 통해 입증해야 합니다.

〈예시〉 원자력 발전소 사고방지

개요
원자력규제위원회의 전략목표는 다음과 같습니다.
- '원자로 사고 및 원자로 방사선의 대규모 노출로 인한 사망이 없고, 방사선 관련 시설의 파괴행위가 발생하지 않는다.'

문제점
이 목표는 사업효과를 평가하기에 불충분합니다.
- '99년 이래 사고 발생이 없으며, 변화하지 않는 성과지표로는 성과관리를 할 수 없고,
- 실제 방지 장치가 얼마나 효과적으로 작동하고 있는지도 확인할 수 없습니다.

개선방안
이를 보완하기 위해 다음과 같은 지표를 활용할 수 있습니다.
- 성과목표: 전조 사건이 한 건 이하 발생하고, 관련 산업의 안전도가 통계적으로 유의한 하락 추세를 보이지 않으며, 규제 수준을 초과하는 정도의 방사선 노출이 발생하지 않는다.
- 성과지표: 규제 범위를 초과하는 방사선 누출 건수, 핵 관련 안전 수칙 위반 건수

Q4. 국제교류 및 협력, 연구용역과 같이 사업의 성과가 무형의 결과로 제시되어 이를 구체적으로 측정하기 곤란한 경우 성과지표 설정은 어떻게 해야 하나요?

A4.

무형의 성과를 다루는 사업은 결과를 물질적으로 측정하기 어려운 특성이 있으므로, 성과지표 개발 시 사업의 중요한 측면과 결과측정이 어려운 이유를 신중히 검토해야 합니다. 이를 위해 다음과 같은 접근 방식을 고려할 수 있습니다.

① 사업의 중요성을 재검토하세요.

성과지표를 개발하기 전에 사업의 존재 이유와 구체적 성과를 확인하는 근본적인 질문을 던져야 합니다.

- 왜 이 사업을 해야 하는가? → 사업의 본질적 중요성 확인
- 이 사업이 성공하면 어떤 문제가 해결되는가? → 성과의 실질적 영향 파악
- 사업 성공이 가져올 구체적 변화는? → 성과를 입증할 대안과 측정 방안 탐색

② 결과측정을 방해하는 요인을 분석하세요.

측정방해 요인을 식별하여 측정 가능성을 높이는 방안을 모색해야 합니다.

- 사업목적이 모호하고 자료 획득이 어려운가? → 측정이 가능한 용어로 재정의
- 사업목표 활동 범위가 너무 포괄적인가? → 사업 범위에 맞게 목표 재조정
- 수혜 대상이 불분명한가? → 수혜 대상을 명확히 하고, 연관성 강화

〈예시〉 문화외교 강화

개요
본 사업의 목적은 창의적이고 적극적인 문화외교를 통해 국제사회에서 문화 한국의 인식·이해를 확산시키는 것입니다.

개선방안
- 한국문화에 대한 인식 제고 정도는 무형의 가치로서 이를 측정할 수 있는 자료의 획득 여부를 파악합니다.
  - 사업목적 달성과 관련된 공신력 있는 국제기구의 지수 및 통계자료가 존재할 경우 → 이를 활용하여 성과지표 개발
  - 정량적 자료를 확보할 수 없는 경우 → 전문가 의견, 사업수혜자 변화 등의 정성적 자료를 수집하여 성과지표로 활용
  (예) 전문가 패널 조사, 문화교류참여자의 한국에 대한 인식향상도 조사
- 또한 사업활동에 대한 정성 결과지표를 병행 제시함으로써, 사업목적 달성 여부를 구체적으로 제시할 수 있습니다.
  - 문화전시장 관람객 수(산출지표), 전체 재외공관 중 문화전시장 사업공관 비율(과정지표)과 문화전시장 관람객 만족도(결과지표) 지표를 병행하여 적절히 제시

Q5. 신공항 건설, 신도시 개발처럼 최종 성과가 수년 후에야 확인되는 장기사업은 성과지표를 어떻게 설정하고 측정해야 하나요?

A5.

장기적으로 진행되는 사업은 최종 결과가 늦게 나타나는 특성이 있으므로, 성과관리에서는 중간 목표를 설정하고 초기 단계부터 결과측정을 위한 논의를 시작해야 합니다.

① 중간목표에 대한 성과지표를 설정하세요.
- 최종 성과(예: 공항 개항 후 이용객 수)는 사업 완료 후 일정 기간이 지난 후에 나타나므로, 사업 진행을 점검할 수 있는 중간 성과지표를 먼저 마련합니다.
- 이를 통해 장기사업의 진행 상황을 점검하고, 초기 사업효과를 확인할 수 있습니다.

② 사업 초기부터 자료 수집 방식을 설계하세요.
- 사업 성과를 정확히 측정하려면 초기(기준 시점)의 데이터를 미리 확보해야 합니다.
- 미리 측정 항목과 방법을 정하여 데이터를 확보하면, 최종 결과와 연계하여 더 객관적이고 신뢰성 있는 성과평가를 가능하게 합니다.

〈예시〉 광역BRT구축사업

개요
본 사업의 목적은 간선급행버스체계(BRT)를 구축하여 대도시권의 광역교통난을 해소하고 대중교통 이용을 활성화하는 것입니다.

문제점
- 사업이 전국 대도시권을 대상으로 순차적으로 진행되며, 개별 구간의 완료까지 장기간이 소요되므로, 교통 혼잡도 감소 효과를 즉각적으로 측정하기 어렵습니다.

개선방안
- 사업 진행 상황을 평가하기 위해 공정률을 과정지표로 설정합니다.
  예) 계획 대비 공정률
- 먼저 준공된 사업 구간의 평균 통행속도를 중간 성과지표로 설정합니다.
- 이를 통해 사업의 초기 효과를 제시하고, 전체 사업의 목표달성 수준을 예상할 수 있습니다.
- 사업 시행 전 평균 통행속도 등의 데이터를 사전 수집하여, 비교 가능 기준을 마련합니다.

> Q6. 금연 홍보사업, 취업박람회 개최 사업과 같이 사업의 궁극적인 성과 달성에 해당 사업 활동 이외의 외부 효과가 더 크게 존재하는 경우, 결과지표는 어느 수준으로 설정해야 하나요?

A6.

이런 사업은 성과에 영향을 주는 외부요인이 많아서, 성과지표로 사업 활동과 직접적인 인과관계를 갖는 결과지표 설정이 중요합니다. 이렇게 해야 성과를 정확히 측정하고, 책임 귀속 문제를 명확히 할 수 있습니다.

① 사업 성과와 인과관계 높은 지표를 설정하세요.
- 결과지표가 사업 성과를 정확히 반영한다면 책임 귀속 문제를 해결할 수 있습니다.
- 사업 규모나 여건상 단년도에 최종 결과지표 사용이 어렵다면, 실제 사용할 수 있는 초기, 중간단계의 결과지표를 활용할 수 있습니다.

② 인과관계가 낮더라도 사업성과와 관련이 높은 지표를 함께 관리하세요.
- 인과관계는 낮지만 사업성과와 관련이 높은 결과지표를 함께 관리하는 경우,
- 정책관리자, 정책수혜자, 이해관계자에게 사업이 궁극적인 결과 달성을 향해 정상적으로 추진되고 있다는 정당성을 부여할 수 있

습니다.

〈예시〉 금연 홍보사업

개요
본 사업은 금연 홍보활동을 통해 금연에 관한 부정적 인식을 제공함으로써, 흡연 예방 및 흡연율 감소에 기여하는 것을 목적으로 합니다.

문제점
- 금연 홍보사업이 흡연율 감소 및 관련 사망자 감소에 결정적 영향력을 미칠 수는 없으므로,
- 이를 통해 흡연 관련 질병의 발생률 자체가 좌우된다고 판단하는 것에는 무리가 있습니다.

개선방안
- 금연 홍보라는 사업 활동과 사업추진 여건을 고려하여, 활동과 인과관계가 높은 결과지표를 선정할 필요가 있습니다.
 금연 캠페인의 경우 사업 활동과 사업 결과의 인과관계를 고려하여 다음과 같이 설정합니다.

단계	지표 사례
초기단계	홍보 광고 시청률, SNS 콘텐츠 노출 수
중간단계	금연 캠페인 인지도, 홍보 메시지 기억도
최종단계	금연 결심자 중 홍보 매체를 통한 금연 결심자 비율

PART **6**

공공부문의 주요사업 성과보정 이론과 사례

- 본 장에서는 학술지에 게재된 연구논문 중, 주요사업의 보정과 관련된 자료를 발췌하여 다룬다.
- 논문 자료를 바탕으로 단계별 과정인 '영향 분석 → 기준치 재설정 → 목표치 보정 설계 → 보정 후 결과'를 구체적으로 보여 준다. 또한 보정 결과의 타당성과 한계도 함께 살펴본다.
- 이를 통해 공공기관 실무자가 성과보정에 대한 이해를 높이고, 실제 업무에 활용하는 통찰력을 얻을 수 있기를 기대한다.

1.
공공부문 성과평가의 한계

탤벗Talbot(2010)은 공공부문 성과평가의 한계를 네 가지로 설명했다. 첫째, 분석단위에서 여러 기관이 협력하는 구조이기 때문에 평가범위를 명확히 설정하기 어렵다. 둘째, 개념적으로 성과평가에 무엇을 포함할지, 투입과 산출, 결과의 정의에 대해 명확한 합의가 부족해 평가 요소가 복잡해질 수 있다. 셋째, 기술적인 문제로 모든 성과를 정확히 평가하려면 비용과 자원이 많이 소요되며, 특정 시점의 성과만 반영될 위험이 있다. 마지막은 가치문제로 공공성과 경제성을 동시에 고려해야 하므로 성과평가의 목적이 모호해질 수 있다. 이는 제대로 된 성과평가를 한다는 것이 여러 측면에서 어려움이 많다는 점을 시사한다. 현재 우리나라 공공기관 경영평가 제도가 올바른 성과평가를 하고 있는지에 대해 생각해 보게 한다.

기획재정부는 연도 말에 차 년도 '공공기관 경영평가 편람'을 확정하고, 중간에 변화된 환경을 반영하는 편람(수정)을 진행한다. 이 과정에서 공공기관은 특정 지표가 추가적인 성과향상이 불가능할 정도로 한계에 이르렀다는 이유로 지표개선을 요구하는 경우가 많다. 특히 주요사업 계량지표에서 이러한 의견이 두드러진다.

성과평가의 유효성과 신뢰성을 높이기 위해서는 성과지표를 잘 개발하여 관리하는 것이 중요하다. 최연식(2022)은 1991년부터 2015년까지 30개 공기업이 사용한 4,577개의 성과지표를 분석했다. 이 분석에 따르면, 계량지표의 평균 사용기간은 4.21년이었다. 경영관리 지표는 평균 4.67년 동안 사용되었고, 주요사업 지표는 평균 3.74년으로 더 짧았다. 또한 주요사업 지표는 자주 바뀌었지만, 평균 점수가 더 높게 나타났다.

하지만 어떤 지표는 10년 이상 사용되었음에도 점수가 안정적으로 유지됐다. 이는 '지표를 바꾼 뒤 2~3년이 지나면 더 이상 점수가 오르지 않는다'는 주장을 의심하게 만든다. 실제로 공공기관에서는 대부분 계량지표가 약 3년 정도 사용된 뒤에 바뀌는 경우가 많았다. 평가하는 방식에 따라 점수 변화의 흐름도 달랐다. 이런 결과는 성과지표를 오래 쓸 수 있도록 잘 만들고, 관리하는 일이 중요하다는 것을 보여 준다. 그래야 공공부문 평가의 신뢰도를 높이고, 평가 결과가 정책 결정에 실질적인 도움을 줄 수 있는 것이다.

2.
계량지표 평가에 대한 공공기관의 어려움

　기획재정부는 공공기관 경영평가에서 계량지표를 평가하기 위해 일곱 가지 방법을 사용하도록 정하고 있다. 2019년부터는 주요사업 비계량지표로 '지표구성의 적정성'과 '목표의 도전성' 평가를 도입하였다. 이에 따라 공공기관들은 사실상 '목표부여(편차)' 방식적용에 대한 압박을 받게 되었다.

　이러한 변화는 2023년 윤석열 정부의 정책 기조에 따라 더 강화되었다. 공기업의 목표부여(편차) 방식은 적용 비율이 40%에서 68%로, 준정부기관은 42%에서 59%로 확대되었다. 이는 국정과제나 기관의 핵심사업 성과를 더욱 구체적으로 평가하려는 조치였지만, 동시에 기관의 평가 부담을 크게 높이는 결과를 낳았다.

　이처럼 경영평가에서 정부정책과 외부 환경변화는 공공기관에 지속적인 부담이 되고 있으며, 대표적인 어려움은 다음과 같다.

첫째, 외생변수를 반영하기 어렵다.

목표부여(편차) 방식은 2표준편차 기준을 적용해 최고와 최저목표를 정하고, 이에 따라 점수를 계산한다. 하지만 이 방식은 코로나19와 같은 예상치 못한 외생변수의 영향을 충분히 반영하는데 한계가 있다. 실제로 코로나19 팬데믹 시기에, 인천공항공사(항공 운항 중단), 부산항만공사(여객터미널 운영 제한), 한국마사회(경마장 운영 중단), 신용보증기금(금융지원 지연), 한국도로공사(통행량 및 휴게소 수익 감소) 등 여러 기관이 주요사업 실적에서 큰 어려움을 겪었다. 외생변수가 평가 결과에 큰 영향을 미치지만, 현재의 시스템은 이를 제대로 반영하지 못하는 구조적인 문제를 안고 있다.

둘째, 보정 절차가 일관되지 않는다.

공공기관마다 산업적 특성과 경영 상황이 달라 계량지표를 표준화해 보정 하는 것은 한계가 있다. 이렇다 보니 보정은 임기응변적이고 일시적으로 이뤄지는 경우가 많고, 보정이 한 기관에 적용되면 상대적으로 다른 기관의 평가 결과에도 영향을 줄 수 있다.

셋째, 보정을 할지 말지를 판단하기 쉽지 않다.

경영실적 보정은 기관이 자발적으로 신청해야 하며, 심사 과정을 거쳐 수용 여부가 결정된다. 이 때문에 기관은 스스로 환경을 분석하고, 타당성을 충분히 검토하여 보정신청할 지를 판단하는 부담을 안게 된다. 편람에서는 보정 판단기준으로 '통제불능성'이 제시되며, 지속성, 예측 가능성, 반복 가능성, 성과에 미치는 영향 등을 고려해 판단한다고 설명한다. 하지만 이 기준은 선언적인 문구이며, 실제 적용할 수 있는지를 참조할 구체적인 예시나 지침은 부족하다. 많은 기관이 외생변수가 실적에 크게 영향을 미쳤을 때 이를 어떻게 대응해야 할지 몰라 허둥대곤 한다.

3.
보정의 적용 방법

 공공기관의 주요사업 성과는 외부 환경변화에 민감하게 영향을 받는다. 특히 코로나19와 같은 국가적 재난 상황이나 갑작스러운 정책 변화, 국제 분쟁 등은 기관의 실적에 크게 영향을 미치며, 경영평가 결과에도 불리하게 작용할 수 있다. 이러한 외생변수의 영향은 평가 제도의 공정성을 저해하고, 기관의 동기부여를 약화시키는 원인이 된다. 이를 보완하기 위해서는 보정이 필요하다.
 보정은 크게 목표치 보정, 실적치 보정, 가중치 보정으로 구분된다.

목표치 보정
 목표치 보정은 외생변수로 인해 현실적인 목표 달성이 불가능해졌을 경우, 당초 설정된 성과 목표치를 조정하는 방법이다. 이는 기관이 외생변수 이전에 설정한 목표의 정당성을 인정하되, 통계적 자료나 유사 사례를 기반으로 외부 요인의 영향을 반영하여 목표 수준을 재설정하는 것이다. 보정의 전제 조건은 외생변수의 존재가 명확하고, 그 영향이 통계적으로 유의미하게 입증되어야 하며, 전년도 실적과의 유의한 차이가 있어야 한다. 이 방법은 기관에 현실적인 도전 목표를 부여하고, 노력을 유도하는 효과가 있다.

실적치 보정

실적치 보정은 외생변수로 인해 측정된 실적이 기관의 본래 역량을 반영하지 못하는 경우, 실적 수치를 통계적 기법으로 조정하거나 대체하는 방식이다. 예를 들어 전년도 평균 실적, 3개년 평균, 외생변수 발생 이전의 추세선, 유사기관의 평균치 등을 기준으로 실적을 보정할 수 있다. 그러나 실적치 보정은 결과값을 사후적으로 수정하는 방식이므로, 동기부여보다는 불만 해소에 초점이 맞춰질 수 있다는 한계가 있다. 또한 실제 기관의 노력이 반영되지 않은 수치가 사용될 수 있으므로, 장기적으로는 평가의 신뢰도에 부정적 영향을 줄 수 있다.

가중치 보정

지표 가중치 보정은 외생변수로 인해 일부 성과지표가 결측되거나 의미 있는 실적 측정이 불가능한 경우, 남아 있는 지표의 가중치를 재조정하여 전체 점수를 산정하는 방법이다. 일반적으로는 남은 지표의 가중치 합을 100%로 재설정하되, 기존 가중치 비율을 유지하도록 한다. 단, 특정 지표의 영향력이 과도하게 높아지는 것을 방지하기 위해 상한선을 설정할 수 있다.

이러한 보정 방법들은 각각 장단점이 존재하지만, 공통적으로 평가의 신뢰성과 공정성을 높이고, 기관의 노력과 위기 대응 역량을 올바르게 반영할 수 있다는 점에서 의미가 있다.

4.
보정방법론과 사례

(1) 벤치마크 비교법

　벤치마크 비교법은 외생변수가 조직의 성과에 어떤 영향을 미쳤는지 분석하고, 이를 보정 하여 기관의 실제 성과를 추출하는 방식이다. 주로 다른 기관이나 국가의 사례를 기준으로 외생변수의 영향을 측정하고, 이 수치를 기관의 평가에서 제거한다.

　이 방법은 성과에 영향을 주는 요소를 세 가지로 나누는 데서 출발한다. 첫째는 외생변수의 영향, 둘째는 기관 고유의 노력과 성과, 셋째는 측정 오차다. 이 중 외생변수와 오차를 제거하면, 순수하게 기관의 노력으로 달성한 성과만 남는다. 이를 통해 공정하고 정확한 평가가 가능해진다.

벤치마크 비교법의 절차는 다음과 같다.

단계	내용
외생변수 분석	유사 기관이나 국가의 사례에서 외생변수 영향을 측정하고, 평균값을 벤치마크로 설정
총분산 분리	외생변수의 영향을 제거하고 남은 값을 기관 고유의 성과로 간주
성과보정	순수성과를 기반으로 실적을 다시 평가하거나, 목표 재설정

〈사례: 물동량 향상 지수 보정〉

□ 지표개요

- 지표명: 물동량 향상 지수(가중치 7점)
- 정의: 부산항 물동량 유치 노력과 처리 실적 향상도를 평가한다(상향지표).
- 기준치: 전년도 실적과 3개년 평균 실적 중 높은 실적
- 평가방법: 목표대 실적(목표 = 기준치×120%)
- 측정산식: 물동량 향상 지수 = (컨테이너 물동량 처리실적×0.96)+(일반화물물동량 처리실적×0.03)+(액체화물 물동량 처리실적×0.01)

□ 지표상황

2020년, 부산항만공사는 세계적인 코로나19 여파로 실적이 크게 저조한 상황이다. 특히 '물동량 향상 지수' 지표는 중국 항만들과 경쟁이 치열하며, 대한민국 대표 항만으로 위상을 유지하기 위해 부산항만공사가 각별하게 신경 쓰는 지표다. 또한 가중치가 7점으로 매우 높아, 실적 저하가 평가에 미치는 영향이 큰데, 현재 목표는 '목표

대 실적'으로 기준치 대비 120%를 달성해야 한다.

[연도별 실적]

구분	2016	2017	2018	2019
컨테이너 물동량(톤)	336,585,345	375,862,809	439,631,441	445,741,802
일반화물 물동량(톤)	17,959,941	18,119,141	14,770,267	14,138,029
액체화물 물동량(톤)	7,824,078	7,250,719	7,059,793	7,242,963

[2019년 목표달성도 및 득점]

구분	기준치	목표	목표달성도	비중	지표 득점
컨테이너 물동량(톤)	439,631,441	527,557,729	0.845	96%	·평점 87.212 ·가중치 7 ·득점 6.105
일반화물 물동량(톤)	16,949,783	20,339,740	0.695	3%	
액체화물 물동량(톤)	7,378,197	8,853,836	0.818	1%	

☐ 목표치 보정

1단계 벤치마크 선정

- 중국 주요 항만과 부산항 물동량을 비교하여 외생변수의 영향을 분석하였다.
- 코로나19 이전 연도의 1~5월 사이, 두 지역의 물동량은 높은 상관관계(0.865)가 있는 것으로 나타났다.

- 따라서 벤치마크로 중국 주요 항만의 평균 물동량을 선정했다.
- 다만, 2020년 중국의 항만은 1~2월에 물동량 감소가 나타났지만, 부산항은 2월에 1차 충격, 3월 잠시 회복, 4~5월에 연속충격을 이어 가는 상황이다.

〈표 28〉 2개년 간의 중국 주요 항만 및 부산항 총 물동량 현황 (단위: 만 톤)

구분		1월	2월	3월	4월	5월	계
닝보		9,093 (9,308)	7,237 (7,316)	8,712 (8,893)	9,565 (9,288)	10,415 (10,055)	45,022 (44,860)
칭다오		5,087 (4,892)	4,182 (4,218)	5,118 (4,703)	4,778 (4,618)	5,091 (4,841)	24,256 (23,272)
톈진		4,076 (3,728)	3,132 (2,944)	3,903 (3,871)	4,222 (4,285)	4,156 (4,441)	19,489 (19,269)
실적 저조	상해	5,183 (5,966)	3,630 (4,367)	5,076 (6,021)	5,275 (5,656)	5,386 (5,772)	24,550 (27,782)
	선전	2,155 (2,321)	1,072 (1,390)	2,002 (2,029)	1,969 (2,069)	2,033 (2,165)	9,231 (9,974)
	광저우	4,612 (4,954)	3,611 (3,753)	5,325 (5,407)	5,346 (5,177)	5,337 (5,196)	24,231 (24,487)
평균		3,983	2,771	4,134	4,197	4,252	58,012
중국 평균		5,034 (5,195)	3,811 (3,998)	5,023 (5,154)	5,193 (5,182)	5,403 (5,412)	24,463 (24,941)
부산		3,578 (3,693)	3,392 (3,491)	3,595 (3,881)	3,237 (3,721)	3,068 (3,918)	16,870 (18,704)

( )는 전년도 실적

2단계　벤치마크의 타당성 검증

- 2020년 중국과 부산항의 '물동량' 간의 상관관계가 -0.282로 낮게 나타남으로써, 중국은 회복세이지만 부산항은 지속적인 영향을 받았다는 점을 확인했다.
- '물동량증감률' 기준 분석에서는 중국과 부산항 간에 -0.863의 통계적으로 유의미한 상관관계를 확인함으로써, 벤치마크 데이터로서의 신뢰성을 확보했다.

〈표〉 2019년과 2020년 중국 주요 항만 및 부산항 총 물동량증감률　(단위: %)

구분		1월	2월	3월	4월	5월	계
	닝보	-2.3	-1.1	-2.0	3.0	3.6	0.4
	칭다오	4.0	-0.9	8.8	3.5	5.2	4.2
	텐진	9.3	6.4	0.8	-1.5	-6.4	1.1
실적저조	상해	-13.1	-16.9	-15.7	-6.7	-6.7	-11.6
	선전	-7.2	-22.9	-1.3	-4.8	-6.1	-7.4
	광저우	-6.9	-3.8	-1.5	3.3	2.7	-1.0
평균		-9.8	-12.6	-7.8	-2.4	-2.9	-6.8
중국평균		-3.1	-4.7	-2.5	0.2	-0.2	-1.9
부산		-3.1	-2.8	-7.4	-13.0	-21.7	-9.8

3단계　목표치 보정 설계

- 기준치 변경: 중국 항만 물동량평균증감률(-1.9%)을 차감해 새롭게 기준치 설정
- 신규 목표치: 변경 기준치에 120%를 상향 적용
- 보정 논리:
    - 코로나19 팬데믹으로 실적이 9.8% 감소한 상황에서도, 중국의 실적저조 항만 평균(-6.8%) 대신, 전체평균 감소율(-1.9%)만 반영함으로써 타당성 확보
    - 조정 기준치에 120% 상향된 목표치 설정으로 도전적 목표 유지

4단계　보정 후 결과

〈표 29〉 보정된 목표치

(단위: 천 원)

구분	기존 기준치 (A)	물량 감소율 (B)	변경 기준치 (C)	목표치	
				보정 전	보정 후
컨테이너	445,741	-1.9% (중국 주요 항만)	437,272	534,890	524,727
일반화물	14,138		13,869	16,965	16,643
액체화물	7,242		7,105	8,691	8,526

· 기존 기준치(A) = 전년도 실적과 3개년 평균 중 높은 수치
· 변경 기준치(C) = (A)×(1-중국 주요 항만 평균 감소율 1.9%)
· 보정 후 목표치 = 변경 기준치(C)×120%

⟨분석과 논의⟩

보정의 타당성
- 외생변수의 영향 반영: 통계적으로 유의한 유사 환경의 벤치마크 데이터를 활용해 목표 기준치를 합리적으로 조정할 수 있다.
- 실증적 신뢰성 확보: 벤치마크 데이터를 활용해 외부요인으로 인한 실적 하락을 정량적으로 반영함으로써, 평가의 신뢰성을 높일 수 있다.

보정 방법의 한계
- 데이터 환경의 차이: 중국 항만과 부산항은 운영 환경과 구조가 달라 동일한 조건으로 비교하기에는 한계가 있다.
- 외생변수의 복합성: 코로나19 외에도 여러 외부요인이 동시에 작용했을 가능성이 있지만, 각각의 영향을 완전히 구분해 반영하기 어렵다.

(2) 추정치 치환법

추정치 치환법은 외부 환경영향을 정량적으로 분석하여, 보다 현실적이고 공정한 목표치를 새롭게 설정하는 방법이다. 이 방법은 경제적, 사회적 변수를 설명변수로 활용해 외생변수가 성과에 미친 영향을 수치로 추정한다. 그리고 그 값을 목표설정의 기준치로 바꿔 적용한다.

이 방식의 가장 큰 장점은 코로나19처럼 예상하기 어려운 상황에서도 데이터를 바탕으로 성과에 미친 영향을 구체적으로 분석할 수 있다는 점이다. 특히 기존 목표치가 외부요인으로 인해 달성하기 어려운 경우, 실제 여건을 반영한 새로운 목표를 설정함으로써, 기관이 목표 달성을 위해 계속 노력할 수 있도록 만든다.

결론적으로 추정치 치환법은 외생변수 영향을 데이터로 분석해 반영함으로써, 평가의 공정성과 객관성을 강화하고, 기관의 실제 노력을 더 정확히 반영할 수 있도록 한다.

추정치 치환법의 절차는 다음과 같다.

단계	내용
외생변수를 설명할 수 있는 변수 선정	외생변수와 성과 간의 상관관계를 분석해 가장 적절한 설명변수 선정
외생변수 영향 추정	회귀분석 등의 통계기법을 활용해 외생변수와 성과지표 간 관계를 수치화하여 영향 정도 파악
목표치 보정	추정된 외생변수의 영향을 반영하여 기존 목표치를 새로운 기준치로 치환

〈사례: 보증기업의 일자리 창출 기여도〉

□ 지표개요

- 지표명: 보증기업의 일자리 창출 기여도(가중치 7점)
- 정   의: 신규 보증지원 창업기업에 대한 일자리 창출 효과를 평가한다(상향지표).
- 기준치: 전년도 실적과 3개년 평균 실적 중 높은 실적
- 평가방법: 목표부여(편차)
- 최고목표: 기준치+2×표준편차, 최저목표: 기준치-2×표준편차
- 측정산식: 보증기업의 일자리 창출 기여도 = 신규 보증 창업기업 고용 순증(명)/ 창업기업 신규 보증공급액

□ 지표상황

2020년에는 코로나19로 창업기업의 경제적 어려움이 가중되고 있다. 정부의 보증 공급 확대 정책에 힘입어, 2020년 5월 기준 신규 보증지원 업체 수는 전년 대비 42.2% 증가하였다. 보증 공급은 늘었지만, 고용이 줄어들면서 지표 산출식의 분모(공급액)는 증가하고 분자(고용 순증)는 감소하는 상황이 발생하고 있다. 이에 따라 기존 목표치(최고목표 0.386명/억 원)로는 정상적인 실적 산정이 어려워, 합리적인 목표치 보정이 필요하다.

□ 목표치 보정

| 1단계 | 외생변수 영향 분석 |

- 통계청이 발표한 경제 변수 중 취업률, 실업률, 생산지수, 출하지수, 재고지수, 가동률, 중기경기 전망 등 7개 항목을 후보 변수로 선정했다.
- 보증기업의 일자리 창출 성과와 각 변수 간 상관관계를 분석한 결과, 취업률이 가장 높은 상관계수(0.8735)를 보였다.
- 따라서 코로나19가 고용 성과에 미친 영향을 설명할 변수로 취업률을 선정했다.
- 〈표 30〉과 같이 2014년부터 2020년 5월까지 데이터를 비교한 결과, 코로나19가 포함된 기간에도 취업률과 고용성과 간의 상관관계는 꾸준히 높게 유지되었다.

⟨표 30⟩ 코로나19로 인한 경제적 영향변수들과의 상관관계

구분	2014년~2019년 (코로나 영향 제외)	2014년~2020년 5월 (코로나 영향 포함)
취업률	0.8499	0.8735
실업률	0.8273	-0.5288
생산지수	-0.1866	0.5620
출하지수	-0.1242	0.6095
재고지수	0.8882	-0.2714
가동률	0.6333	0.8988
중기경기전망	-0.9421	0.5791

2단계 회귀분석을 통한 영향 예측

- 취업률을 독립변수, 보증기업의 일자리 창출 기여도를 종속변수로 설정해 회귀분석을 실시했다.
- 분석 대상은 2014년부터 2020년까지의 7개년 데이터를 사용했다.
- 회귀식 Y = 0.19X-11.25가 도출되었으며, 결정계수(R^2) 0.75, 표준오차 0.03으로 회귀식의 설명력은 높은 것으로 나타났다.
- 아래 ⟨표 31⟩과 같이 회귀식에 의한 예측치와 실제 일자리 창출 기여 실적을 비교한 결과, 그 차이가 미미하여 회귀모형의 신뢰성을 확인할 수 있다.

〈표 31〉 회귀식을 활용한 일자리 창출 기여도 예측치 (단위: %)

기간	회귀식에 의한 예측		일자리 창출 기여 (실적)
	취업률	예측치	
2020년 5월	60.17	0.1823	0.108
2019년	60.95	0.3305	0.322
2018년	60.71	0.2849	0.250
2017년	60.83	0.3077	0.245
2016년	60.56	0.2564	0.235
2015년	60.54	0.2526	0.245
2014년	60.21	0.1899	0.205

3단계　목표치 보정 설계

- 기준치 변경: 회귀식 예측값인 0.182를 기준치로 변경 설정(기존 0.322 대체)
  - 보증공급액 1억 원당 0.182명을 순고용 비율로 해석한 것임
- 신규 목표치: 변경 기준치에 2×표준편차를 적용해 최고와 최저목표 산정
- 보정 논리:
  - 코로나19로 인한 고용 위축을 반영하여 합리적 기준치를 제시함
  - 회귀분석 기반, 외생변수를 객관적으로 반영하여 실현할 수 있는 목표설정
  - 보정 후에도 일정 수준의 도전 목표를 유지하여 기관의 노력 유인

4단계 　　 보정 후 결과

〈표 32〉 목표부여 방식의 보정된 목표치 상한과 하한

구분	기준치	최고목표	최저목표	득점 가능 수준
보정 전	0.3220	0.3864	0.2576	1.4/7점
보정 후	0.1820	0.2184	0.1456	4.2/7점

· 기준치 = 기존의 전년 실적 0.3220에서 취업률 예측치 0.1820으로 치환
· 득점 가능 수준: 회귀식을 통해 예측한 추정치 0.1820을 달성했을 경우의 가능 득점

〈분석과 논의〉

보정의 타당성
- 외생변수의 정량적 반영: 취업률과 같은 신뢰도 높은 경제 지표를 활용하여 외생변수의 영향을 수치로 설명할 수 있다.
- 데이터 기반 접근: 회귀분석을 통해 예측된 값을 목표치로 적용함으로써, 통계적으로 타당하고 객관적인 목표설정이 가능하다.

보정 방법의 한계
- 설명변수의 한계: 취업률은 전체 고용시장을 반영하는 지표로, 개별 보증기업의 고용 성과를 완전히 설명하기에는 한계가 있다.
- 외생변수의 복합성: 산업별 특성이나 지역별 상황 등 다양한 외부요인이 함께 작용했을 가능성이 있으나, 회귀분석에서 이를 모두 반영하기 어렵다.

(3) 과거 실적치 평균 및 표준편차 활용법

과거 실적치 평균 및 표준편차를 활용한 보정법은 외생변수로 인해 실적이 급격히 변한 경우, 기존 목표치를 과거 실적 기반의 통계 기준치로 대체하는 방식이다. 이 방법은 벤치마크나 적절한 사회적, 경제적 변수를 발견하기 어려운 상황에서 활용할 수 있는 예외적인 기법이다. 외생변수의 복합적인 영향도 구체적으로 반영하기 어렵다.

〈사례: 국제항공운송실적 및 허브화 경쟁력〉

□ 지표개요

- 지표명: 국제항공운송실적(가중치 4), 허브화 경쟁력(가중치 4)
- 정 의: 국제선 여객·화물 운송 실적 및 환승객 실적을 통해 항공 수요증대 노력과 허브화 경쟁력 평가
- 기준치: 전년도 실적과 3개년 평균 실적 중 높은 실적
- 평가방법: 목표부여(편차)
- 측정산식
  ① 국제항공운송실적 = 국제선여객 수+(국제화물량×10)+(국제운항 횟수×100)
  ② 허브화경쟁력 = 국제선직항운항편 수(천 편)×환승객 수(백만 명 기준)

□ 지표상황

코로나19의 확산으로 인해 인천국제공항의 주요 성과지표인 '국제항공운송실적'과 '허브화 경쟁력' 실적이 크게 하락했다. 2020년 기

준으로 여객 운항, 국제여객, 환승객 실적이 모두 급감하지만, 화물 운항 실적은 오히려 증가하는 모습을 보였다. 이는 코로나19가 항공 수요 전반에 미친 부정적 영향 속에서도 화물운송 분야는 상대적으로 영향을 덜 받았거나, 오히려 수요가 증가했음을 보여 준다.

□ 목표치 보정

1단계   외생변수 영향 분석

2015~2019년과 2020년의 실적 차이를 분석해 코로나19 영향을 정량화하였다.

아래 〈표 33〉에 여객운항, 국제여객, 환승객 실적은 '20년 대비 '15~'19년 사이에 더욱 많은 음(-)의 격차를 보이며, 평균 차이도 음(-)으로 나타났다. 반면, 화물운항실적은 2019년 대비 증가하여 양(+)의 차이를 보인다.

이 분석을 통해 각 항목의 외생변수 영향 정도를 수치화하여 파악할 수 있다.

〈표 33〉 2015~2020년의 1~5월 실적 및 실적 간의 편차

항목	2015	2016	2017	2018	2019	2020
화물운항 (횟수)	14,274 (4,780)	13,999 (5,055)	14,144 (4,910)	14,496 (4,558)	14,273 (4,781)	19,054 (4,817)
여객운항 (횟수)	110,938 (-44,885)	119,484 (-53,431)	128,544 (-62,491)	141,683 (-75,630)	150,084 (-84,031)	66,053 (-64,094)
국제여객 (천명)	20,715 (-10,279)	22,526 (-12,090)	24,882 (-14,446)	27,831 (-17,395)	29,284 (-18,848)	10,436 (-14,611)

| 환승객
(천명) | 3,152
(-1,471) | 3,024
(-1,342) | 3,030
(-1,349) | 3,379
(-1,698) | 3,506
(-1,825) | 1,681
(-1,537) |

* ( )는 2020년과 2015~2019년간의 실적 차이,
2020년( )은 '15~'19년 실적 차이 평균임

2단계   기준치 재설정

과거 5개년 실적 평균과 실적 차이 평균의 비율을 계산하여 2020년도 코로나19의 영향을 아래와 같이 추정하였다.

추정된 외생변수 영향을 반영하여 새로운 기준치로 변경하였다.

〈표 34〉 2020년 기준치 변경

항목	평균 ('15~'19)	실적 차이 평균	외생변수 영향	기준치 조정	
				기존	조정
화물운항(횟수)	14,237	4,817	0.3383	3,144,385톤	4,209,622톤
여객운항(횟수)	130,147	-64,094	-0.4925	468,134	237,591
국제여객(천명)	25,048	-14,612	-0.5834	86,123	35,883
환승객(천명)	3,218	-1,537	-0.4776	9,323	4,870

3단계   목표치 보정 설계

변경된 기준치로, 과거 5개년(2015~2019)의 표준편차를 적용해 목표 상한과 하한을 재산정하였다.

최고목표: 기준치+2×표준편차, 최저목표: 기준치-2×표준편차

4단계   보정 후 결과

〈표 35〉 2020년 조정된 최고목표와 최저목표 설정

항목	조정 기준치	표준편차	최고목표	최저목표
화물운항(톤)	4,209,622	2,019	4,213,659	4,205,584
여객운항(횟수)	237,591	29,796	297,183	177,998
국제여객(천명)	35,884	6,764	49,412	22,356
환승객(천명)	4,870	656	6,184	3,557

〈분석과 논의〉

보정의 타당성
- 외생변수 효과 반영: 비정상적 상황에서 실적 감소를 수치로 반영함으로써 평가의 왜곡을 줄일 수 있다.
- 단순하고 명료한 적용: 과거 평균과 표준편차를 활용해 일관된 기준으로 목표를 재설정할 수 있다.

보정 방법의 한계
- 외생변수 반영의 한계: 단순 평균과 표준편차만으로는 복합적인 외부요인을 충분히 설명하기 어렵다.
- 과거 데이터 의존성: 과거 실적이 현재 환경과 다를 경우, 보정된 목표치가 현실과 맞지 않을 수 있다.

(4) 상대비율 적용법

상대비율 적용법은 비정상적인 상황에서 목표치를 현실적으로 조정하는 방법이다. 주요사업의 운영 기간 축소와 이에 따른 실적 감소를 반영해 목표를 현실적으로 재설정하는 방식이다. 이 방법은 계절적인 영향이나 운영 기간 중단도 함께 고려할 수 있어, 실현이 가능한 목표설정과 평가의 공정성을 높이는 데도 효과적이다.

〈사례: 불법경마 단속성과〉

□ 지표개요

- 지표명: 불법경마단속 성과(가중치 4)
- 정　의: 불법경마단속 실적(단속 인원, 단속 건수, 불법사이트 폐쇄 건수) 향상성과 평가
- 기준치: 전년도 실적과 3개년 평균 실적 중 높은 실적
- 평가방식: 목표부여(편차)
- 측정산식: 단속 인원×0.4+단속 건수×0.2+사이트 폐쇄 실적×0.4

□ 지표상황

한국마사회는 코로나19로 인해 경마 운영이 중단되면서, 불법 경마 단속 실적도 많이 감소했다. 경마가 진행될 때만 단속이 이루어지기 때문에, 2020년에는 1.1부터 2.22까지 총 53일간 단속이 진행되었다. 이에 따라 기존 연간 목표를 그대로 적용하는 것이 적절하

지 않으며, 단축된 운영 기간을 고려한 목표 조정이 필요했다.

□ 목표치 보정

1단계   외생변수 영향 분석

- 2020년 불법경마 단속 실적이 코로나19로 인한 외부요인에 어떤 영향을 받았는지 분석하였다.
- 코로나19로 경마 운영이 중단되면서 단속 가능 기간이 53일로 줄어들었고, 이에 따라 실적이 많이 감소하였다.
- 2020년 1월 실적에는 전년도에서 이월된 46건이 포함되어 있어, 이를 제외한 실제 실적은 단속 인원 147명, 단속 건수 15건, 사이트 폐쇄 1,119건이다.
  - 인원: 193명 → 147명, 건수: 25건 → 15건, 사이트 폐쇄 실적: 1,608건 → 1,119건

〈표 36〉 코로나 이전과 이후 불법 경마 단속 실적 차이   (단위: 명, 건, 개)

구분	2018년 실적			2019년 실적			2020년 실적		
	단속 인원	단속 건수	사이트 폐쇄	단속 인원	단속 건수	사이트 폐쇄	단속 인원	단속 건수	사이트 폐쇄
1월	59	9	134	69	17	503	46	10	409
2월	24	4	157	30	10	398	46	13	402
3월	96	11	244	40	17	2	16	-	473
4월	53	14	362	117	10	998	3	-	50

5월	34	7	280	97	12	413	35	-	-
6월	94	9	330	53	14	407	47	2	274
7월	34	14	372	120	9	427			
8월	21	13	374	96	8	322			
9월	29	14	432	18	12	282			
10월	62	12	398	79	11	520			
11월	40	5	349	15	10	596			
12월	5	1	57	22	4	539			
합계(이월 제외)	551	113	3,489	756	134	5,407	193 (147)	25 (15)	1,608 (1,119)

2단계   목표치 보정 설계

- 기준치 변경: 연간 목표치(366일)와 실제 운영 일수(53일, 14.45%)를 기준으로, 2020년 목표설정 기준치를 변경하였다.
- 신규 목표치: 운영 일수 비율(14.45%)을 적용해 최고·최저 목표를 재산정하였다.
- 보정 논리:
  - 코로나19로 인한 운영 기간 축소를 반영하여 현실적인 목표 제시
  - 연간 운영일을 기준으로 객관적이고 실현이 가능한 목표치 도출
  - 기준치 변경 후에 편차 방식의 목표를 부여하여 기관의 지속적인 노력 유도

3단계 | 보정 후 결과

- 목표부여(편차) 방식을 적용하여 목표치를 재조정한 결과는 다음과 같다.

〈표 37〉 상대비율 적용법에 따른 목표치 보정 결과 (단위: 명, 건, 개)

구 분	보정 전		보정 후	
	최고목표	최저목표	최고목표	최저목표
단속인원(日 3,097명 적용)	1,133,549	378,451	163,798	54,686
단속건수(14.45% 적용)	161,058	106,942	23,273	15,453
사이트패쇄(14.45% 적용)	8,405	2,408	1214,523	347,956

〈분석과 논의〉

보정의 타당성
- 운영 기간 축소 반영: 단축된 운영 기간을 고려하여 실적 감소를 수치화함으로써 평가의 공정성을 높일 수 있다.
- 명확한 기준 적용: 운영 일수 기준 일관된 방식으로 목표치를 조정할 수 있다.

보정 방법의 한계
- 계절적 특성 반영 한계: 월별 활동량 차이 등 계절적 요인을 반영하기 어렵다.
- 다양한 변수 미반영: 운영 일수 외에도 실적에 영향을 미치는 다양한 요인이 존재하지만, 이를 함께 고려하기는 어렵다.

(5) 복합자료 가중평균 적용법

복합자료 가중평균 적용법은 여러 요인으로 구성된 성과지표의 보정에 사용한다. 각 요소의 중요도를 고려한 가중평균을 적용함으로써, 외생변수의 영향을 측정하고 보정 하는 기법이다. 이를 통해 외부 영향을 보다 정확히 반영하는 공정한 목표를 설정할 수 있다.

특히 주요사업 지표가 경제, 사회, 환경 등 여러 가지 측면을 포함하는 경우, 각 요소의 기여도를 가중치로 반영함으로써 현실적이고 공정한 평가를 할 수 있다.

〈사례: 휴게소 매출액〉

□ 지표개요

- 지표명: 휴게소 매출액(가중치 2)
- 정 의: 휴게소 매출의 향상된 성과를 평가
- 기준치: 전년도 실적과 3개년 평균 실적 중 높은 실적
- 평가방식: 목표부여
- 측정산식: 휴게시설 매출액+유류시설 매출액

□ 지표상황

2020년 코로나19로 인해 한국도로공사가 운영하는 전국 고속도로 휴게소 매출이 급감하였다. 휴게소는 유류시설과 휴게시설로 구성되며, 휴게시설은 음식점, 슈퍼마켓, 공산품 등 복합적인 기능을 포

함한다. 분석 결과, 매출액이 유류시설은 5.15% 감소했고, 휴게시설은 23.85%가 감소해 목표치 보정이 필요하다.

□ 목표치 보정

1단계 외생변수 영향 분석

- 2020년에 한국도로공사 고속도로 휴게소는 코로나19의 영향으로 휴게시설 매출액이 아래 〈표 38〉과 같이 감소하였다.
- 유류시설 매출은 5.15% 감소하였지만 통계적으로 그 수치가 유의하지 않았다.
- 휴게시설 매출은 전년 대비 23.85% 감소하였고, 그 수치가 통계적으로 유의미한 것으로 밝혀졌다.

〈표 38〉 2019년과 2020년 휴게소 매출액 변화추이 (단위: 원)

구분	2019년도	2020년도	감소율
유류시설 매출액	908,568,916	861,739,550	-5.15%
휴게시설 매출액	566,169,156,670	431,150,854,065	-23.85%

출처: 한국도로공사 내부데이터

2단계 기준치 재설정

- 휴게시설은 음식점, 슈퍼마켓, 공산품 등 다양한 기능으로 구성되

어 있으며, 기능별 매출 감소가 달라 이를 동일하게 적용하는 것은 적절하지 않다.
- 이에 따라 중소벤처기업부가 발표한 업종별 매출 감소 자료를 활용하여, 각 기능의 매출 비중을 반영한 가중평균을 적용해 기준치를 변경하였다.

〈표 39〉 코로나19 이전 대비 소상공인 매출액 감소 비율 (단위: %)

날짜	2.3	2.10	2.17	2.24	3.2	3.9	3.16	3.23	3.30	4.6	4.13
소상공인	20.8	30.9	32	43.1	54.8	57.9	65.2	66.8	66.9	69.2	65.4
전통시장	20.8	34.7	31.7	46.6	57.5	58.9	63.9	65.8	65.5	65	65.4
음식점	-	-	-	-	-	-	-	-	-	-	-

날짜	4.20	4.27	5.4	5.11	5.18	5.25	6.1	6.8	6.15	6.22	6.29
소상공인	64.5	56.7	55	54.6	51.3	45.3	38.7	32	31.6	31.6	33.4
전통시장	61.1	55.8	56.4	52.6	51.6	39.6	32.5	27.1	26.5	26.6	28.5
음식점	58.6	58.8	49.3	50.6	47.7	37.9	34.8	28.7	27.4	27.7	30.7

출처: 중소벤처기업부 보도자료

〈가중평균 계산 과정〉

- 휴게시설 기능별 매출 비중
  - 4월 13일까지: 공산품 30%, 슈퍼마켓 70%
  - 4월 20일 이후: 공산품 20%, 슈퍼마켓 30%, 음식점 50%

- 중소벤처기업부 자료 활용 방식
  - 소상공인 매출 감소율: 공산품 적용
  - 전통시장 매출 감소율: 슈퍼마켓 적용

- 음식점 매출 감소율: 음식점 적용

- 기준치 산정
  - 기준일: 코로나가 본격적으로 영향을 미치기 시작한 2.10일
  - 매출 감소율: 소상공인 30.9%, 전통시장 34.7%
  - 가중평균: 30.9 × 30% + 34.7 × 70% = 33.6
  - 기준치 33.6을 코로나19 영향이 없는 상태로 정의

〈표 40〉 코로나19 발생 이후 코로나 영향 분석 결과 (단위: %)

날짜	2.3	2.10	2.17	2.24	3.2	3.9	3.16	3.23	3.30	4.6	4.13
가중평균	20.8	33.6	31.8	45.6	56.7	58.6	64.3	66.1	65.9	66.3	65.4
기준치	33.6	33.6	33.6	33.6	33.6	33.6	33.6	33.6	33.6	33.6	33.6
코로나영향	12.8	0.0	1.8	-12.0	-23.1	-25.0	-30.7	-32.5	-32.4	-32.7	-31.8
날짜	4.20	4.27	5.4	5.11	5.18	5.25	6.1	6.8	6.15	6.22	6.29
가중평균	60.5	57.5	52.6	52.0	49.6	39.9	34.9	28.9	28.0	28.2	30.6
기준치	33.6	33.6	33.6	33.6	33.6	33.6	33.6	33.6	33.6	33.6	33.6
코로나영향	-27.0	-23.9	-19.0	-18.4	-16.0	-6.3	-1.3	4.7	5.6	5.4	3.0

출처: 한국도로공사 내부자료

- 위 분석을 통해 2월~5월 평균 매출 감소율은 -18.617%로 확인

3단계	목표치 보정 설계

- 기준치 변경: 2~5월은 가중평균 감소율(-18.617%)을 차감한 기준치 적용

- 신규 목표치:
  - 2~5월: 기준치(A)-18.617%×120%(최고목표), 80%(최저목표)
  - 1월, 6~12월: 기준치(A)×120%(최고목표), 80%(최저목표)
- 보정 논리:
  - 정부 발표 자료를 기반으로, 가중평균을 적용한 목표설정으로 공정성 확보
  - 코로나19로 인한 매출 감소를 반영해 현실적이며 도전적인 목표 설정

4단계 보정 후 결과

〈표 41〉 상대비율 적용법에 따른 목표치 보정 결과

구분	종전 기준치 (A)	2~5월 감소율 (B1)	1월, 6~12월 (B2)	보정 후 목표
최고목표	A×120%	[(A×(1-18.617%)]×120%	A×120%	B1+B2
최저목표	A×80%	[(A×(1-18.617%)]×80%	A×80%	B1+B2

- A: 종전 기준치
- B1: 2월~5월의 감소율이 반영된 매출 목표
- B2: 1월, 6~12월의 정상적인 매출 목표

〈분석과 논의〉

보정의 타당성
- 외생변수 반영: 정부 발표 자료를 활용해 코로나19 영향을 수치로 반영, 평가의 객관성과 공정성을 높였다.
- 기능별 가중 적용: 공산품, 슈퍼마켓, 음식점 등 기능별 매출 비중을 고려한 가중평균 방식으로 더 현실적인 목표설정이 가능하다.

보정 방법의 한계
- 가중치의 주관성: 기능별 매출 비중 적용은 지역 특성은 반영하지 못할 수 있다.
- 단기 데이터 한계: 2~5월의 단기간 자료이다 보니 장기적 흐름 반영이 어렵고, 기능 간 상호작용 분석도 부족하다.

(6) ARIMA(Box & Jenkins 모형) 활용법

ARIMA Auto-Regressive Integrated Moving Average 모형은 시계열 데이터를 분석해 미래값을 예측하는 통계 기법이다. 과거의 관측값과 오차를 이용해 현재와 미래의 변화를 추정할 수 있으며, 안정적 시계열 Stationary Series뿐만 아니라 비안정적 시계열 Non-Stationary Series 데이터에도 적용할 수 있다.

ARIMA는 단일변수 시계열 데이터에 주로 사용되며, 설정할 파라미터가 많지 않아 해석이 간단하고, R과 같은 분석 도구에서도 손쉽게 활용할 수 있는 장점이 있다. 다만, 복잡한 비선형 패턴이나 다변수 데이터에는 적합하지 않을 수 있다.

⟨사례: 배후부지 부가가치화물 물동량 발생 성과⟩

□ 지표개요

- 지표명: 배후부지 부가가치화물 물동량 발생 성과(가중치 3)
- 정 의: 배후부지 입주기업의 부가가치화물 물동량을 측정하여, 배후부지 조성 취지에 부합하는 성과 창출 기여도 평가(상향지표)
- 기준치: 전년도 실적과 직전 3개년 평균 실적 중 높은 실적
- 평가방식: 목표부여(편차)
  최고목표: 기준치+2×표준편차(과거 5개년), 최저목표: 기준치-2×표준편차(과거 5개년)
- 측정산식: 배후부지 부가가치화물 물동량* 발생 성과
    = 부가가치화물 물동량(ton)/입주업체 면적(㎡)
    * 부가가치화물물동량은 한국무역통계진흥원 자료 기준

□ 지표상황

부산항만공사는 코로나19로 인해 배후부지 부가가치화물 물동량 실적이 크게 하락하였다. 이를 해결하기 위해 2020년 전체 물동량 예측치를 ARIMA 모델로 추정한다. 추정한 결과를 기반으로 기준치를 재설정하여 주요사업 목표치를 조정하고자 한다.

<표 42> 배후부지 부가가치화물의 월간 실적

2020년	부가가치화물 물동량	2019년	부가가치화물 물동량	2018년	부가가치화물 물동량
2020.1	29,489	2019.1	54,371	2018.1	45,550
2020.2	18,016	2019.2	62,868	2018.2	32,981
2020.3	35,988	2019.3	49,349	2018.3	60,898
2020.4	21,182	2019.4	50,571	2018.4	58,755
2020.5	19,931	2019.5	50,974	2018.5	64,263
2020.6		2019.6	69,620	2018.6	57,969
2020.7		2019.7	51,254	2018.7	67,719
2020.8		2019.8	77,256	2018.8	54,438
2020.9		2019.9	27,295	2018.9	22,627
2020.10		2019.10	66,944	2018.10	44,177
2020.11		2019.11	27,705	2018.11	43,859
2020.12		2019.12	44,456	2018.12	32,120
합계	124,606	합계	632,663	합계	585,356

출처: 부산항만공사 내부데이터

□ 목표치 보정

| 1단계 | 외생변수 영향 분석 |

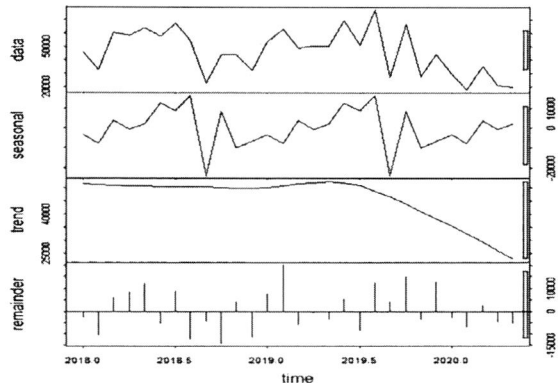

〈그림 5〉 부가가치물동량의 데이터 셋 분석 결과

- 배후부지 물동량 변화를 분석하기 위해 R 프로그램의 ARIMA 모델을 활용하였다.
- 시계열 데이터를 계절성, 추세(트렌드), 불규칙성으로 나누어 분석한 결과, 〈그림 5〉와 같은 패턴이 나타났다.
  - 계절성: 매년 상반기에는 물동량이 점차 증가하다가 6월에 급격히 하락한 후 다시 회복하는 주기적인 흐름
  - 트렌드: 2019년 11월부터 실적이 지속적으로 감소
  - 불규칙성: 일정한 패턴 없이 예외적인 변동이 존재
- 특히 2020년에는 코로나19의 영향으로 상반기부터 하락 폭이 더

커졌으며, 시계열 예측 결과 전반적인 하락 추세와 높은 변동성이 확인되었다.
- ARIMA 분석 결과, AR(1)모형이 선택되었고, 계수치가 -0.6280(표준오차 0.1404)으로 나타났다. AIC, AICc, BIC 등의 수치가 낮은 수준으로 나타나 모형적합도가 만족할 만한 수준이다.
- 아래 〈그림 6〉의 점선으로 표시된 예측 그래프에서는 3개월 이동평균선을 기준으로 물동량이 전반적으로 감소하고 있으며, 주기성과 함께 편차도 컸다.

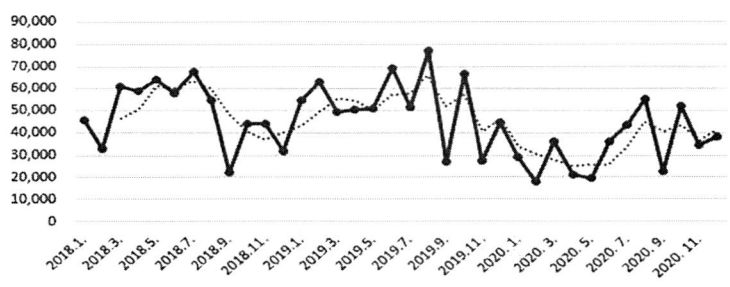

〈그림 6〉 2018~2020년 배후단지 부가가치화물 물동량 변화

| 2단계 | 기준치 재설정 |

- 2015~2020년의 부가가치화물 물동량과 입주업체 면적 데이터를 바탕으로, ARIMA 모형을 통해 2020년 예측 실적을 산출하였다.

- 2020년 부가가치화물 물동량 예측치는 다음의 〈표〉와 같이 406,175톤으로 산출되었고, 이를 입주업체 면적으로 나눈 값인 0.17310을 새로운 기준치로 설정하였다.

〈표 43〉 2015~2019년 부가가치화물 물동량과 2020년 예측치의 추이 (단위: 톤, ㎡)

구 분	부가가치화물 물동량(X)	입주업체 면적(Y)	실적(X/Y)
2015	240,874	1,949,176	0.12358
2016	261,472	2,043,378	0.12796
2017	408,304	2,240,259	0.18226
2018	585,356	2,346,522	0.24946
2019	632,664	2,346,522	0.26962
2020	406,175	2,346,522	0.17310

출처: 부산항만공사 내부데이터

- 기준치: 0.17310(406,175톤÷2,346,522㎡)

3단계 목표치 보정 설계

- 기준치 변경: ARIMA 예측값을 기준으로 설정한 0.17310을 새로운 기준치로 설정
- 신규 목표치: 2015~2020년 실적 기준의 표준편차는 0.0554 적용
  - 최고 0.284(기준치+2×표준편차), 최저 0.062(기준치-2×표준편차)

- 보정 논리:
  - ARIMA 모형 기반의 과학적인 물동량 예측 결과를 외부 영향 목표치 조정에 반영
  - 편차방식 적용으로 실현 가능성과 도전 수준을 균형 있게 고려한 목표치 설정

4단계 보정 후 결과

- ARIMA 예측값 기준으로 목표치를 재산정한 결과는 다음과 같다.

〈표 44〉 부가가치화물 물동량의 2020년 목표치 보정 결과

구분		산식	목표
보정 전	최고목표	[MAX(전년실적, 3년평균)+2×표준편차]	0.347
	최저목표	[MAX(전년실적, 3년평균)-2×표준편차]	0.152
보정 후	최고목표	(예측 기준치+2×표준편차)	0.284
	최저목표	(예측 기준치-2×표준편차)	0.062

출처: 부산항만공사 내부데이터

⟨분석과 논의⟩

보정의 타당성
- 데이터 기반 분석: ARIMA 예측치를 기준으로 목표치를 재산정함으로써, 보정의 객관성과 신뢰성을 확보하였다.
- 외생변수 반영: 환경변화가 실적에 미친 영향을 정량적으로 반영하여, 현실적이고 공정한 평가 근거를 마련하였다.

보정 방법의 한계
- 외생변수의 지속적 영향: 코로나19와 같은 외부요인이 장기화할 경우, 예측 모형의 주기적인 갱신과 재검토가 필요하다.
- 예측 불확실성: 비정형적이거나 예측하기 어려운 외부 충격에는 대응력이 떨어져, 단기 중심 보정에 한계가 있다.

부록

- 2024년 정부업무 성과관리 운영지침에서는 전략목표 성과지표 설정 기준으로 ① 핵심 결과상태 반영, ② 중장기 성과관리 지원, ③ 국민 체감도 제고, ④ 신뢰성 확보 등 4가지 기준을 제시하고 있으며,
- 특히, ④ 신뢰성 확보를 위해 주관적 인식조사(예: 만족도 조사 등) 보다는 국제통계지수, e나라지표, 국가승인통계 등 객관적인 통계자료의 활용을 적극 권장하고 있다.
- 이에 따라 공공기관에서도 성과지표 개발 시 참고할 수 있도록 국내외 통계지표 목록을 함께 첨부한다.

국제통계지수

출처: 국가통계포털(KOSIS)

순번	Level	통계명	수록기간
	1	국제통계연감(2024)	
	2	영토/인구	
1	3	국토면적	년 (1990~2022)
2	3	총 토지면적 대비 산림면적 비율	년 (2000~2020)
3	3	장래인구	년 (1950~2100)
4	3	부양인구비 및 노령화지수	년 (1950~2100)
5	3	주요도시 인구	년 (1950~2035)
6	3	도시화율	년 (1950~2050)
7	3	순이동률	년 (1950~2100)
8	3	인구동태 및 밀도	년 (1998~2023)
9	3	출생아 수 및 출생 성비	년 (1998~2023)
10	3	합계출산율	년 (1950~2100)
11	3	영아사망률	년 (1950~2100)
12	3	기대수명	년 (1950~2100)
13	3	재외동포	5년 (2003~2023)
14	3	재한 등록외국인 수 및 정규 입국외국인 수	년 (1995~2023)
	2	사회/범죄 · 안전	
15	3	의도적 살인 건수 및 수감자 수	년 (1990~2022)
16	3	10만 명당 의도적 살인 희생자 수	년 (1990~2022)
17	3	피난민 및 군사력	년 (1960~2023)
18	3	국가경쟁력 순위	년 (1997~2024)
19	3	교통사고 사망자 수	년 (1994~2023)
20	3	교통사고 부상자 수	년 (1970~2022)
21	3	10만 명당 직접적 재난 피해자	년 (2005~2022)

순번	Level	통계명	수록기간
22	3	성불평등지수	년 (1990~2022)
23	3	관리직 여성 비율	년 (2000~2023)
24	3	여성 국회의원 수	년 (2000~2024)
25	3	10만 명당 자살률	년 (1960~2022)
	2	노동·임금	
26	3	경제활동인구 및 참가율	년 (2000~2023)
27	3	고용률	년 (1995~2023)
28	3	취업자	년 (1990~2023)
29	3	산업별 취업자	년 (2008~2023)
30	3	직업별 취업자	년 (2009~2023)
31	3	종사상 지위별 취업자	년 (1993~2023)
32	3	파트타임 근로자 비중	년 (1985~2023)
33	3	파트타임 근로자 중 여성 비율	년 (1985~2023)
34	3	실업률	년 (1990~2023)
35	3	청년(15~24세) 실업률	년 (1991~2025)
36	3	고용 지수	년 (1980~2023)
37	3	근로자당 연평균 실근로시간	년 (1970~2023)
38	3	제조업 근로자의 주당 평균 실근로시간	년 (2008~2023)
39	3	제조업 근로자의 명목 월평균 임금	년 (2008~2023)
40	3	근로자 1인당 생산량(2015년 기준년가격)	년 (1991~2024)
41	3	남녀 임금 격차(제조업)	년 (1994~2023)
42	3	단위 노동비용	년 (1980~2022)
43	3	근로자 10만 명당 치명적 산업재해 수	년 (1990~2023)
44	3	대도시권 노동시장	년 (2001~2021)
45	3	GDP 대비 노동소득 분배율	년 (2004~2021)
46	3	파업과 직장폐쇄	년 (1990~2023)
	2	소득·소비·자산	

순번	Level	통계명	수록기간
47	3	소득분포	년 (1968~2023)
48	3	지니계수	년 (1976~2022)
49	3	가처분소득 기준 빈곤율	년 (1976~2022)
50	3	순대출/순차입 비율-가계	년 (1970~2023)
51	3	가계금융자산	년 (1995~2023)
52	3	가계처분가능소득	년 (2008~2023)
53	3	가계최종소비지출	년 (1970~2023)
54	3	가계순저축	년 (1970~2023)
55	3	가계부채	년 (1995~2023)
	2	**보건·복지**	
56	3	의료 종사자수	년 (1960~2023)
57	3	병상수 및 유아접종률	년 (1980~2022)
58	3	10만 명당 주요사망원인별 사망률	년 (1950~2022)
59	3	10만 명당 결핵 발생 빈도	년 (2000~2022)
60	3	출산 10만 명당 임산부 사망률	년 (1960~2022)
62	3	청소년 출산율(15~19세 여성 1,000명당 출생)	년 (1960~2022)
62	3	흡연율	년 (1960~2023)
63	3	1인당 담배 소비량	년 (1960~2023)
64	3	1인당 주류 소비량	년 (1960~2023)
65	3	보건 관련 지출비	년 (1995~2022)
66	3	보건 서비스 지출비	년 (1970~2023)
67	3	AIDS 환자수	년 (1980~2022)
68	3	비만인구비율(15세 이상)	년 (1978~2023)
69	3	전염병	년 (1980~2023)
70	3	의약품 판매	년 (1980~2022)
71	3	의약품 소비	년 (1980~2022)
72	3	영양부족 인구 비율	년 (2001~2021)

순번	Level	통계명	수록기간
73	3	공여국별 총개발원조	년 (2000~2022)
74	3	공공사회복지지출	년 (1980~2022)
75	3	삶의 질	년 (2004~2023)
	2	교육/문화·여가	
76	3	인간개발지수	년 (1990~2022)
77	3	교육단계별 취학률	년 (1970~2023)
78	3	교사 수 및 여교사 비율	년 (1990~2023)
79	3	교사 1인당 학생 수	년 (2005~2020)
80	3	GDP 대비 정부 재원 교육비 비율	년 (1990~2023)
81	3	교육단계별 연간 학생 1인당 공교육비	년 (2000~2021)
82	3	학업 성취도	년 (2000~2022)
83	3	외래관광객 및 해외 관광객	년 (1999~2022)
84	3	세계 관광 수입 및 관광 지출	년 (1999~2022)
85	3	가계의 오락·문화비 지출	년 (1990~2022)
86	3	정부의 오락, 문화, 종교에 대한 지출	년 (1970~2022)
	2	농림/수산	
87	3	농업면적	년 (1980~2021)
88	3	농업생산지수	년 (1980~2022)
89	3	농업생산량(쌀)	년 (1980~2022)
90	3	농업생산량(보리)	년 (1980~2022)
91	3	농업생산량(밀, 옥수수)	년 (1980~2022)
92	3	농업생산량(감자, 고구마)	년 (1961~2022)
93	3	농업생산량(찻잎, 홉)	년 (1961~2022)
94	3	농업생산량(생커피원두, 미가공담배)	년 (1961~2022)
95	3	가축사육(소)	년 (1980~2022)
96	3	가축사육(돼지)	년 (1980~2022)
97	3	가축사육(양)	년 (1980~2022)

순번	Level	통계명	수록기간
98	3	가축사육(닭)	년 (1980~2022)
99	3	가축생산량(쇠고기)	년 (1980~2022)
100	3	가축생산량(돼지고기)	년 (1980~2022)
101	3	비료생산량	년 (2002~2022)
102	3	비료소비량	년 (2002~2022)
103	3	원목생산량	년 (1980~2022)
104	3	어업 및 양식생산량	년 (1980~2022)
	2	광업·제조업/도소매	
105	3	광업·제조업 생산지수	년 (1994~2023)
106	3	제조업 부가가치액	년 (1960~2023)
107	3	선철 생산	년 (1995~2022)
108	3	조강 생산	년 (1995~2022)
109	3	철강재 수출·수입	년 (1998~2022)
110	3	자동차 생산	년 (1998~2023)
111	3	주요국의 자동차 수출·수입	년 (1995~2022)
112	3	상대 국가별 자동차 수출·수입	년 (2002~2022)
113	3	고급 기술 수출 비중(제조업 수출 대비)	년 (2007~2022)
114	3	소매판매액지수	년 (1990~2023)
	2	교통·물류/건설	
115	3	자동차 보유 대수	년 (2014~2022)
116	3	내륙화물 및 여객 수송	년 (1970~2022)
117	3	국제해운수송	년 (2009~2023)
118	3	내륙교통시설 투자	년 (1995~2022)
119	3	철도시설 투자	년 (1995~2022)
120	3	도로시설 투자	년 (1995~2022)
121	3	내륙운하시설 투자	년 (1995~2022)
122	3	항만시설 투자	년 (1995~2022)

순번	Level	통계명	수록기간
123	3	공항시설 투자	년 (1995~2022)
124	3	건설업 생산지수	년 (1960~2023)
	2	정보통신/과학·기술	
125	3	국내 우편	년 (1980~2022)
126	3	국제 우편	년 (1980~2022)
127	3	전화 가입자 수	년 (1990~2023)
128	3	이동전화 가입자 수	년 (1990~2023)
129	3	인터넷	년 (2000~2023)
130	3	컴퓨터 보유 가구 비율	년 (1990~2023)
131	3	총연구원 수	년 (1996~2022)
132	3	자금출처별 연구개발비	년 (1981~2023)
133	3	연구주체별 연구개발비	년 (1981~2023)
134	3	100만 명당 R&D 연구개발자	년 (1996~2022)
135	3	주요국 특허출원·등록	년 (1980~2022)
136	3	지식재산권 사용료	년 (1990~2023)
	2	물가	
137	3	생산자 물가지수	년 (1989~2023)
138	3	소비자 물가지수	년 (1989~2023)
139	3	비교물가수준(대한민국기준)	년 (1999~2023)
140	3	비교물가수준(미국기준)	년 (1999~2023)
141	3	주택가격지수	년 (1970~2023)
142	3	인플레이션 전망	년 (1961~2025)
	2	국민계정	
143	3	국민총소득(2015년 기준년 가격)	년 (1960~2023)
144	3	1인당 국민총소득(2015년 기준년 가격)	년 (1960~2023)
145	3	국내총생산(2015년 기준년 가격)	년 (1960~2023)
146	3	1인당 국내총생산(2015년 기준년 가격)	년 (1960~2023)

순번	Level	통계명	수록기간
147	3	경제성장률(불변가격)	년 (1961~2023)
148	3	GDP 디플레이터	년 (1950~2023)
149	3	경제활동별 국내총생산(당해년 가격)	년 (1960~2023)
150	3	지출항목별 국내총생산(당해년 가격)	년 (1960~2023)
151	3	국내총생산에 대한 투자율(당해년 가격)	년 (1960~2023)
152	3	국내총생산에 대한 저축률(당해년 가격)	년 (1960~2023)
153	3	1인당 가계 총조정처분가능소득	년 (1970~2023)
	2	**정부 · 재정/금융/보험**	
154	3	중앙정부 재정	년 (2000~2022)
155	3	국민부담률(GDP 대비)	년 (1965~2022)
156	3	일반정부 총부채 비율(GDP 대비)	년 (1995~2023)
157	3	평균 조세 부담	년 (2000~2023)
158	3	공적개발원조	년 (1960~2023)
159	3	1인당 순 ODA 지원액	년 (1960~2022)
160	3	공공 및 개인연금 지출	년 (1980~2021)
161	3	순대출/순차입-일반정부	년 (1970~2023)
162	3	사회보험 부담률(GDP 대비)	년 (1970~2022)
163	3	통화지표(M1, M3)	년 (1955~2023)
164	3	주요 국제금리	년 (1950~2023)
165	3	중앙은행 정책금리	년 (1950~2023)
166	3	총보험료	년 (1983~2022)
167	3	보험종사자 1인당 원수보험료	년 (1983~2022)
168	3	외국계 보험회사의 시장점유율(생명보험)	년 (1983~2022)
169	3	외국계 보험회사의 시장점유율(손해보험)	년 (1983~2022)
170	3	해외거래소 주가지수	년 (2003~2023)
171	3	증권거래 주요지표	년 (1999~2023)
	2	**무역 · 국제수지**	

순번	Level	통계명	수록기간
172	3	수출·수입	년 (1990~2023)
173	3	주요상품 수출액(세계총액)	년 (2000~2022)
174	3	주요상품 수출·수입액	년 (2011~2022)
175	3	국제수지	년 (1980~2023)
176	3	무역의존도(GDP대비 수출입 비율)	년 (1990~2023)
177	3	수출·수입 물량지수	년 (1990~2023)
178	3	수출·수입 단가지수	년 (1990~2022)
179	3	외환보유액	년 (1980~2023)
180	3	외채	년 (1990~2023)
181	3	환율	년 (1980~2023)
182	3	실질실효환율	년 (1970~2023)
183	3	외국인 직접투자(유입)	년 (2005~2023)
184	3	해외 직접투자(유출)	년 (2005~2023)
	2	환경	
185	3	기후	년 (1990~1990)
186	3	온실가스 배출량	년 (1988~2022)
187	3	배출원별 온실가스 배출량	년 (1988~2022)
188	3	프레온 가스 소비량	년 (1990~2023)
189	3	대기오염물질 배출	년 (1990~2022)
190	3	초미세먼지(PM2.5) 배출량	년 (1990~2022)
191	3	유해폐기물 발생량	년 (2000~2021)
192	3	산림면적 및 생물다양성	년 (1990~2022)
193	3	산림의 자연 손실	년 (1950~2022)
194	3	농약 판매	년 (2001~2022)
195	3	도시 폐기물	년 (1975~2022)
196	3	산업별 폐기물 발생량	년 (1990~2021)
197	3	환경 관련 세수입	년 (1994~2022)

순번	Level	통계명	수록기간
198	3	도시 농촌별 안전관리 식수 이용 인구 비율	년 (2000~2022)
199	3	물 생산성	년 (1962~2020)
	2	**에너지**	
200	3	연료별 1차 에너지 소비	년 (1995~2023)
201	3	석탄 생산 및 소비	년 (1995~2023)
202	3	석유 생산 및 소비	년 (1995~2023)
203	3	천연가스 생산 및 소비	년 (1995~2023)
204	3	전력 생산량	년 (1990~2022)
205	3	항공유 수입	년 (1990~2022)
206	3	항공유 수출	년 (1990~2022)
207	3	재생에너지	년 (1960~2021)
208	3	연료 수입	년 (1990~2022)
209	3	연료 수출	년 (1990~2022)
210	3	연료 소비	년 (1990~2022)
211	3	최종 에너지 소비 단계에서의 재생에너지 비중	년 (2000~2021)

대한민국 국정모니터링 지표

출처: e나라 지표(https://www.index.go.kr/enara)

순번	영역		지표명	부처
		경제		
		성장		
1			ICT 생산통계	과학기술정보통신부
2			건강기능식품 생산 현황	식품의약품안전처
3			건설수주 동향	국토교통부
4			경기종합지수	기획재정부
5			골재허가실적 및 채취실적	국토교통부
6			공사계약 실적	조달청
7			관광사업 등록 및 지정 현황	문화체육관광부
8			광고 현황	문화체육관광부
9			광공업생산 동향	기획재정부
10			국내 바이오산업 동향	산업통상자원부
11		성장	국내광업권 등록 현황	산업통상자원부
12			국내총생산 및 경제성장률(GDP)	기획재정부
13			기업결합 동향	공정거래위원회
14			디스플레이 산업 동향	산업통상자원부
15			디자인산업 현황	산업통상자원부
16			반도체 산업 동향	산업통상자원부
17			방산물자/업체 지정현황	방위사업청
18			방산업체 경영실태	방위사업청
19			방송서비스 시장 매출액	과학기술정보통신부
20			방송프로그램 수출입 현황	문화체육관광부
21			비철금속 국내 수급현황	조달청
22			상장회사수, 시가총액	금융위원회

순번	영역	지표명	부처
23	성장	서비스업 동향	기획재정부
24		석유화학산업 동향	산업통상자원부
25		섬유산업 동향	산업통상자원부
26		소상공인시장 경기동향	중소벤처기업부
27		소상공인 현황	중소벤처기업부
28		소재부품장비 동향조사	산업통상자원부
29		시장금리 추이	금융위원회
30		시장집중도 현황	공정거래위원회
31		식품 및 식품첨가물 생산현황	식품의약품안전처
32		어업생산액 및 GDP 대비 부가가치 비중	해양수산부
33		어업생산량 및 양식량	해양수산부
34		어음부도율	금융위원회
35		연도별 사업자 현황	국세청
36		의료기기 생산 현황	식품의약품안전처
37		의약품 생산 현황	식품의약품안전처
38		일반기계산업 동향	산업통상자원부
39		임산물생산량 및 생산액 현황	산림청
40		자동차산업 동향	산업통상자원부
41		제조업 경기실사지수(BSI) 동향	산업통상자원부
42		조선산업 동향	산업통상자원부
43		주가지수-코스닥 종합지수	금융위원회
44		주요 비철금속 국제가격 동향	조달청
45		주요원자재가격동향(석유화학분야)	산업통상자원부
46		주요 원자재가격 동향(철강분야)	산업통상자원부
47		주요 유통업체 매출 동향	산업통상자원부
48		지역내총생산(GRDP)	통계청

순번	영역	지표명	부처
49	성장	직접지불금 현황	농림축산식품부
50		철강산업 동향	산업통상자원부
51		체육시설업 현황	문화체육관광부
52		출판 현황	문화체육관광부
53		코스피 200 선물 거래 추이	금융위원회
54		통신서비스 시장 매출액	과학기술정보통신부
55		프로스포츠 운영 현황	문화체육관광부
56		항공우주산업 동향	산업통상자원부
57		해외 건설수주	국토교통부
58		화장품생산 현황	식품의약품안전처
59	생산성	공공기관 임직원 현황	기획재정부
60		공기업 및 준정부기관 경영평가 결과	기획재정부
61		기업공개실적	금융위원회
62		노동생산성 지수	산업통상자원부
63		농림업생산액 및 GDP대비 부가가치비중	농림축산식품부
64		농업 기계화 현황	농림축산식품부
65		대중소기업 상생협력기반 현황	중소벤처기업부
66		산업기술인력 현황	산업통상자원부
67		쌀 전업농 경영면적 비중	농림축산식품부
68		전산업생산지수	통계청
69		중소기업 금융지원 현황	중소벤처기업부
70		중소기업 일반현황	중소벤처기업부
71		중소제조업 경영 동향	중소벤처기업부
72		중소제조업 생산 동향	중소벤처기업부
73		중소제조업 인력 현황	중소벤처기업부
74		한국산업규격(표준화) 현황	산업통상자원부

순번	영역	지표명	부처
75	생산성	해외플랜트 수주 동향	산업통상자원부
76	투자	건설투자 동향	기획재정부
77		건설투자동향	국토교통부
78		민간투자사업 현황	기획재정부
79		벤처캐피탈 투자현황	중소벤처기업부
80		설비투자 동향	기획재정부
81	인적자원	GDP 대비 공교육비 비율	교육부
82	기업 동향	벤처기업정밀실태조사	중소벤처기업부
83		지주회사 현황	공정거래위원회
84		창업기업 동향	중소벤처기업부
85		혁신형 중소기업 현황	중소벤처기업부
86	혁신	IMD 과학·기술 인프라	과학기술정보통신부
87		WEF 혁신역량·ICT 보급	과학기술정보통신부
88		과학기술 논문 현황(NSI)	과학기술정보통신부
89		기관별 연구개발비	과학기술정보통신부
90		기관별 연구원	과학기술정보통신부
91		기술거래시장 동향	산업통상자원부
92		기술무역 현황	과학기술정보통신부
93		기업부설 연구소 수	과학기술정보통신부
94		민간기업 연구개발비 현황	과학기술정보통신부
95		연구개발 단계별 연구개발비	과학기술정보통신부
96		정부 연구개발예산	과학기술정보통신부
97		지역별 연구개발비	과학기술정보통신부
98		지역별 연구원	과학기술정보통신부
99		총 연구개발비	과학기술정보통신부
100		총 연구개발인력	과학기술정보통신부

순번	영역	지표명	부처
101	혁신	특허 등 심사청구/처리 현황	특허청
102		특허 등 심판청구/처리 현황	특허청
103		특허 등 이의신청 건수	특허청
104		특허 등 출원/등록 건수	특허청
105		특허수수료 수입 현황	특허청
106	글로벌화	10대 수출입 품목	관세청
107		APEC관련 수출입 투자 현황	외교부
108		GNI대비 및 1인당 ODA 추이	외교부
109		ICT 수출입 동향	과학기술정보통신부
110		ODA 원조 규모	외교부
111		경상수지 및 무역수지	기획재정부
112		국내 SW 수출액 현황	과학기술정보통신부
113		국제회의 개최 현황	문화체육관광부
114		농림축산식품 수출입 동향	농림축산식품부
115		무역구제제도 연도별 발생 현황	산업통상자원부
116		수산물 수출·입 동향	해양수산부
117		수출입 동향	산업통상자원부
118		수출입물가지수	기획재정부
119		양자 ODA의 지원 분야별, 지역적 배분	외교부
120		외국인 증권투자 현황	금융위원회
121		외국인 직접투자 동향	산업통상자원부
122		외평채 스프레드 추이	기획재정부
123		외환 보유액	기획재정부
124		우리 국민의 국제기구 진출 현황	외교부
125		우리나라가 당사자인 WTO분쟁현황	산업통상자원부
126		우리나라의 평화유지활동(PKO) 참여현황	외교부

순번	영역	지표명	부처
127	글로벌화	유엔 정규 및 PKO 분담금 현황	외교부
128		전자상거래 물품 수입 동향	관세청
129		주요 해운 선진국의 지배선대 현황	해양수산부
130		주요국가별 RTA(지역무역협정) 현황	산업통상자원부
131		해외자원개발 현황	산업통상자원부
132		해외직접투자	기획재정부
133		해운 서비스 외화가득액 증가 추이	해양수산부
134		환율	기획재정부
	안정		
135	재정 건전성	IMD, WEF 국가경쟁력 순위	기획재정부
136		개별(특별)소비세 신고 현황	국세청
137		공공기관 재무정보(당기순이익)	기획재정부
138		공공기관 재무정보(자산, 부채, 부채비율)	기획재정부
139		과세전 적부심사청구 처리 현황	국세청
140		관세 환급실적(환급방법별)	관세청
141		관세청 소관 세수실적	관세청
142		국가신용등급 추이	기획재정부
143		국가예산 대비 지방예산 비율	행정안전부
144		국방부 예산 결산현황	국방부
145		국방예산 추이	국방부
146		국세 및 지방세 비중	기획재정부
147		국세수입실적	기획재정부
148		국세청 소관 세수 실적	국세청
149		국유재산 현황	기획재정부
150		군수품 조달집행액 현황	국방부
151		근로소득세 신고(지급조서 제출) 현황	국세청

순번	영역	지표명	부처
152	재정 건전성	기금 운용규모	기획재정부
153		방위비 분담금 현황	국방부
154		법인세 신고 현황	국세청
155		보건복지부 일반회계 예산 현황	보건복지부
156		부가가치세 면세사업자 수입금액 현황	국세청
157		부가가치세 신고 현황	국세청
158		부담금 규모	기획재정부
159		상속세 및 증여세 결정 현황	국세청
160		세무조사 추이	국세청
161		신용카드 발행세액 공제 현황	국세청
162		양도소득세 부과 현황	국세청
163		연기금투자풀 수익률	기획재정부
164		연기금투자풀 수탁규모	기획재정부
165		외국법인 법인세 및 외국인 소득세 신고현황	국세청
166		자치단체 재정자주도	행정안전부
167		정부재정 현황	기획재정부
168		조세부담률	기획재정부
169		종합부동산세 결정 현황	국세청
170		종합소득세 기장신고자 현황	국세청
171		종합소득세 신고 현황	국세청
172		주세 신고 현황	국세청
173		중앙정부의 지방이전 재원 규모	기획재정부
174		지방공기업 재무	행정안전부
175		지방교부세	행정안전부
176		지방세	행정안전부
177		지방자치단체 기금	행정안전부

순번	영역	지표명	부처
178	재정 건전성	지방자치단체 재정자립도	행정안전부
179		지방재정 규모(세외수입 포함)	행정안전부
180		추경편성 추이	기획재정부
181		탈세제보자료 처리 현황	국세청
182		통합재정수지	기획재정부
183		현금영수증 발급 및 가맹점 현황	국세청
184	국가 채무	국가채권추이	기획재정부
185		국가채무추이	기획재정부
186		지방자치단체 채무	행정안전부
187		채권발행/유통현황	금융위원회
188	대외안정	대외채무 및 대외채권	기획재정부
189	금융 안정	보험회사 수입보험료 규모	금융위원회
190		보험회사 자산 현황	금융위원회
191		보험회사 지급여력비율	금융위원회
192		상호저축은행 BIS자기자본비율	금융위원회
193		상호저축은행 고정이하여신비율	금융위원회
194		새마을금고 현황	행정안전부
195		신용카드사 조정자기자본비율	금융위원회
196		신협순자본 비율	금융위원회
197		유상증자 실적	금융위원회
198		은행 총자산이익율(ROA)	금융위원회
199		은행BIS기준 자기자본비율	금융위원회
200		은행고정이하여신비율	금융위원회
201		은행의 기업 및 가계대출 연체대출채권 비율	금융위원회
202		은행 대손충당금적립률(Coverage Ratio)	금융위원회
203		증권회사 영업용 순자본 비율	금융위원회

순번	영역		지표명	부처
204		금융안정	통화량 추이	기획재정부
205			펀드 수탁고	금융위원회
206		기타	1인당 우편이용 물량	과학기술정보통신부
207			계급별 병사봉급 추이	국방부
208			공공기관 고객만족도 결과	기획재정부
209			공무원연금기금 증식 및 운용 현황	인사혁신처
210			기업자금조달 현황	금융위원회
211			나라장터 운영실적	조달청
212			대규모기업집단 지정현황	공정거래위원회
213			수요기관 및 조달업체 등록현황	조달청
214			스포츠산업 전문인력양성 현황	문화체육관광부
215			시가총액 대비 투신편입 주식, 채권 비중	금융위원회
216			신용보증 규모	금융위원회
217			신용카드 이용실적	금융위원회
218			어업경영자금 지원현황	해양수산부
219			조달사업 실적	조달청
220			조달청 비축 원자재 판매 및 구매 현황	조달청
221			채무보증 현황	공정거래위원회
222			하도급거래관행 개선	공정거래위원회
223			회사채 발행규모	금융위원회
			경제·사회	
			고용과 노동	
224		고용	고령자 고용동향	고용노동부
225			고용센터 구인, 구직 및 취업 현황	고용노동부
226			고용허가제 고용동향	고용노동부
227			국적선원 취업 현황	해양수산부

순번	영역	지표명	부처
228	고용	근로장려금 신청 및 지급 현황	국세청
229		노인 취업률 현황	보건복지부
230		노인 일자리 및 노후생활 현황	보건복지부
231		산업별, 직종별, 사업체 규모별 노동력 수요동향	고용노동부
232		여성 경력단절 규모	통계청
233		여성 경력단절 사유	통계청
234		여성 고용동향	고용노동부
235		여성 전문·관리직 종사자 구성비	여성가족부
236		여성경제활동인구 및 참가율	여성가족부
237		여성취업자의 경력단절 경험유무	통계청
238		일반고용동향	고용노동부
239		자영업자 현황	중소벤처기업부
240		장애인 의무고용 현황	고용노동부
241		종사상 지위별 여성취업자 구성비	여성가족부
242		지방자치단체 공무원 정원	행정안전부
243		청년 고용동향	고용노동부
244		취업자 수/실업률 추이	기획재정부
245		행정부국가, 일반직공무원 공채·경채비율추이	인사혁신처
246		행정부 국가공무원 신규임용 현황	인사혁신처
247		행정부 국가공무원 정원	행정안전부
248	고용형태	비정규직 고용동향	고용노동부
249	임금	공무원 보수 추이	인사혁신처
250		남성대비 여성 임금비율	여성가족부
251		내역별, 산업별, 규모별 노동비용	고용노동부
252		임금 채권 및 대지급금 지급 현황	고용노동부
253		임금결정 현황	고용노동부

순번	영역		지표명	부처
254		임금	정규직과 비정규직의 시간당 임금총액	고용노동부
255			최저임금 일반현황	고용노동부
256			취업장애인 월평균 소득	보건복지부
257		근로 조건	고용보험 적용 및 징수 현황	고용노동부
258			고용보험 지출 현황	고용노동부
259			고용보험 피보험자(상실자, 취득자)현황	고용노동부
260			고용형태에 따른 근로조건 실태 현황	고용노동부
261			근로자 평균근속년수, 평균연령, 학력별 임금	고용노동부
262			남녀취업자의 주당 평균 노동시간	통계청
263			사내근로복지기금 설치 현황	고용노동부
264			산업재해 현황	고용노동부
265			산재보험 징수 및 지급 현황	고용노동부
266			월평균 근로일수, 근로시간, 임금총액	고용노동부
267			직장보육시설의무설치사업체의 보육시설 설치비율	통계청
268			출산 및 육아휴직급여 수급자 현황	고용노동부
269			학력별 임금 격차	교육부
270		노사 관계	공무원 노동조합조직 현황	고용노동부
271			공무원직장협의회 및 가입자	행정안전부
272			교원 노동조합조직 현황	고용노동부
273			노동조합조직 현황	고용노동부
274			노사분규 건수 및 근로손실 일수	고용노동부
275			노사협의회 설치 현황	고용노동부
276			조정 및 심판사건 처리 현황	고용노동부
277		기타	국가기술자격 응시 및 취득 현황	고용노동부
278			인력수급 전망	고용노동부
279			직업능력개발훈련 실시 현황	고용노동부
	소득·소비·자산			

순번	영역		지표명	부처
280		소득	기준 중위소득 추이	보건복지부
281			농가소득 현황	농림축산식품부
282			어가소득 현황	해양수산부
283		소비	소비동향	기획재정부
284			소비자 피해구제 상황(분쟁조정기구 운영)	공정거래위원회
285			소비자동향지수(CSI)	기획재정부
286		자산	가계신용 동향	금융위원회
287			내년 가구의 재정상태	통계청
288			농가부채, 자산, 부채상환능력	농림축산식품부
289		소득 불평등	노인 빈곤율	통계청
290			지니계수	통계청
291		물가	농가교역조건지수	농림축산식품부
292			생산자물가지수	기획재정부
293			소비자물가지수	기획재정부
294		기타	수산물 소비량(연간 1인당)과 자급률	해양수산부
			교육	
295		교육 기회	고등교육 규모	교육부
296			고등교육시설 현황	교육부
297			고등학교 유형별 현황	교육부
298			대학 재정지원 사업 현황	교육부
299			대학부설 평생교육원 현황	교육부
300			만3~5세 누리과정지원율 및 예산추이	교육부
301			우리나라 초/중/고학생 사교육 현황	통계청
302			유아교육 규모	교육부
303			장애인 편의시설 현황	교육부

순번	영역	지표명	부처
304	교육 기회	초중등 교육시설 현황	교육부
305		초중등교육 규모	교육부
306		취학률 및 진학률	교육부
307		특수교육 규모	교육부
308		평생학습 참여율	교육부
309		학력인정 평생교육시설 현황	교육부
310		학생 1인당 공교육비	교육부
311		학자금 대출 현황	교육부
312	교육 과정	e-러닝(EBS고교강의, e학습터)활용 현황	교육부
313		교원 1인당 학생 수	교육부
314		유학생 현황	교육부
315		학교급식 실시 현황	교육부
316		학교도서관 현황	교육부
317	교육 효과	IEA 학업성취도(TIMSS) 순위	교육부
318		IMD 교육경쟁력	교육부
319		OECD 학업성취도(PISA) 순위	교육부
320		SCI 논문 발표순위	과학기술정보통신부
321		UNDP 인간개발지수(HDI) 순위	교육부
322		고등교육기관 졸업자 취업률	교육부
323		국내/외 박사학위 취득자 현황	교육부
324		국민교육수준(학력별 인구분포)	교육부
325		특수교육대상자 진학률/취업률	교육부
326		학업성취도평가(교과별성취수준비율)	교육부
327		학점은행제 및 독학학위제 학위수여자 현황	교육부
328	기타	청소년 방과후 아카데미 운영 현황	여성가족부
329		청소년 상담사/지도사 현황	여성가족부

순번	영역		지표명	부처
330		기타	청소년 수련시설설치현황	여성가족부
331			학령아동 변동 추계	교육부
	경제·사회·환경			
	주거와 교통			
332		주거비	주택도시기금 조성 및 운용 실적	국토교통부
333			주택매매가격 동향	국토교통부
334			주택전세가격 동향	국토교통부
335			지가동향	국토교통부
336			토지거래동향	국토교통부
337		주거의 질	개발행위허가 현황	국토교통부
338			건축물 현황	국토교통부
339			건축허가·착공·준공 현황	국토교통부
340			공동주택 현황	국토교통부
341			농촌지역 생활인프라 보급률	농림축산식품부
342			도농교류 현황	농림축산식품부
343			도시 일반현황	국토교통부
344			도시공원, 녹지, 유원지	국토교통부
345			도시군계획사업 현황	국토교통부
346			도시군계획시설 미집행 현황	국토교통부
347			도시군계획시설 현황	국토교통부
348			용도지역.용도지구 현황	국토교통부
349			유형별재고주택 현황	국토교통부
350			인구 천명당 주택수	국토교통부
351			임대주택 건설실적	국토교통부
352			임대주택 분양전환 실적	국토교통부
353			임대주택 재고	국토교통부

순번	영역	지표명	부처
354	주거의 질	자가점유비율	국토교통부
355		재건축 추진 현황	국토교통부
356		주택 미분양 현황	국토교통부
357		주택건설인허가 실적	국토교통부
358		주택멸실 현황	국토교통부
359		주택보급률	국토교통부
360		택지공급/지정 실적	국토교통부
361	교통 인프라	고속국도 차량이용 현황	국토교통부
362		고속국도 현황	국토교통부
363		고속철도 여객 수송동향	국토교통부
364		국가물류비 현황	국토교통부
365		국내 여객수송 실적	해양수산부
366		남북한 간 해상수송 물동량 현황	해양수산부
367		도로 교량 및 터널 현황	국토교통부
368		도로교통 혼잡비용	국토교통부
369		도로 보급률 현황	국토교통부
370		도로 현황	국토교통부
371		수송량 및 수송분담률	국토교통부
372		수송 수단별 여객 수송	국토교통부
373		연도별 도시철도 수송실적	국토교통부
374		연안해송 물동량 현황	해양수산부
375		운전면허 소지자 현황	경찰청
376		유료도로 현황	국토교통부
377		인천공항 물동량 및 환적률	국토교통부
378		일 평균 도로교통량	국토교통부
379		일반국도 관리연장 현황	국토교통부

순번	영역	지표명	부처
380	교통 인프라	자동차 등록 현황	국토교통부
381		자전거도로	행정안전부
382		전국 무역항 항만시설 확보율	해양수산부
383		전국항만 물동량 처리 현황	해양수산부
384		철도공사 경영 현황	국토교통부
385		철도여객 수송 추이	국토교통부
386		철도화물 수송 추이	국토교통부
387		컨테이너 화물 처리현황	해양수산부
388		항공 여객 수송(국내,국제)	국토교통부
389		항공 화물 수송(국내,국제)	국토교통부
390		항공노선 취항 추이	국토교통부
391	교통 안전	교통사고 현황(사망, 부상)	경찰청
392		어린이보호구역 지정 현황	경찰청
393		철도사고 현황	국토교통부
		인구	
394	인구 변화	결혼이민자 현황	법무부
395		국내인구이동	통계청
396		국적통계 추이	법무부
397		국제인구 이동	통계청
398		농가 및 농가 인구	농림축산식품부
399		사망원인별 사망률 추이	통계청
400		수도권과 지방 현황	국토교통부
401		아동 인구 현황	보건복지부
402		어가 및 어가인구	해양수산부
403		영아/모성 사망	보건복지부
404		외국국적동포 현황	법무부

순번	영역		지표명	부처
405		인구 변화	자치단체 행정구역 및 인구 현황	행정안전부
406			전자여행허가(K-ETA) 신청 현황	법무부
407			지역별 인구 및 인구밀도	통계청
408			청소년 인구 및 구성비	여성가족부
409			체류 외국인 현황	법무부
410			총출입국자 현황	법무부
411			총인구, 인구성장률	통계청
412			출생 사망 추이	통계청
413			합계출산율	보건복지부
414			해외이주신고자 현황	재외동포청
415		인구 구조	남녀별 연령별 인구구조	통계청
416			노년부양비	보건복지부
	가족			
417		가구 형성	가족의 형태별 분포	여성가족부
418			국내 입양아 수 및 입양 비율	보건복지부
419			국제결혼 현황	여성가족부
420			여성가구주 가구 비율	여성가족부
421			총 이혼건수 및 조이혼율	여성가족부
422			총 혼인건수 및 조혼인율	여성가족부
423			한부모 가구 비율	여성가족부
424		가족 관계	가사분담에 대한 견해 및 실태	통계청
425			가족과 함께하는 생활시간량	여성가족부
426			가족 친화 인증 기업체수	여성가족부
427			건강가정지원센터 설치수	여성가족부
428			노후 준비 방법	통계청
429			맞벌이 부부의 근로시간	통계청

순번	영역		지표명	부처
430		가족 관계	맞벌이 가구 비율	통계청
431			자녀연령별 부모의 근로시간	통계청
432			혼인상태별 및 맞벌이 상태별 가사노동시간	통계청
433		기타	어린이집 시설 종사자 현황	교육부
434			어린이집 시설수 및 아동수 현황	교육부
435			장애아전문,통합 어린이집 현황	보건복지부
	건강			
436		건강 상태	국민영양 현황	질병관리청
437			기대수명(0세기대여명) 및 유병기간제외기대수명(건강수명)	보건복지부
438			만성질환 현황	질병관리청
439			법정 감염병 발생 현황	질병관리청
440			비만 유병률	질병관리청
441			식중독 발생건수 및 환자수	식품의약품안전처
442			암 발생 및 사망 현황	보건복지부
443			정신장애 유병률	보건복지부
444			학생 체격/체력검사 현황	교육부
445		건강 행태	어린이 식생활안전지수	식품의약품안전처
446			음주 및 흡연현황	질병관리청
447			주류 출고량 현황	국세청
448			청소년 현재 흡연율, 청소년 현재 음주율	질병관리청
449		보건 의료 서비스	GDP대비 경상의료비 추이	보건복지부
450			건강보험 재정 및 급여율	보건복지부
451			국가 암검진 수검률	보건복지부
452			군병원 외래/입원환자 현황	국방부
453			병상수 추이	보건복지부
454			생물의약품산업현황(바이오의약품)	식품의약품안전처

순번	영역		지표명	부처
455		보건 의료 서비스	세대당 건강보험료 부담액	보건복지부
456			의료급여 수급 현황	보건복지부
457			의료인력 추이	보건복지부
458			의약외품 산업 현황	식품의약품안전처
459			인체조직 생산·수입현황	식품의약품안전처
460			항생제 및 주사제 처방률	보건복지부
461		기타	구급활동 현황	소방청
462			수입식품 현황	식품의약품안전처
463			식품검사 부적합률[국산, 수입]	식품의약품안전처
464			위생용품 생산 및 위생처리 실적	식품의약품안전처
465			의료용 마약류의 조제·투약 현황	식품의약품안전처
466			의약품 허가·신고 현황	식품의약품안전처
	사회			
	여가			
467		여가 지원	가구인터넷보급률 및 컴퓨터보유율	과학기술정보통신부
468			공공도서관 현황	문화체육관광부
469			공공체육시설 현황 및 1인당 체육시설 면적	문화체육관광부
470			공연/전시 횟수	문화체육관광부
471			공연장/문예회관 등 문화시설 추이	문화체육관광부
472			국가등록문화유산 현황	국가유산청
473			국가유산 수리기술자, 기능자 현황	국가유산청
474			국가유산지킴이 위촉 현황	국가유산청
475			국가 지정유산 현황	국가유산청
476			등록 박물관/미술관 현황	문화체육관광부
477			매장 유산 발굴조사 현황	국가유산청
478			무대 전문인력 배출 추이	문화체육관광부

순번	영역	지표명	부처
479	여가 지원	문화산업 현황	문화체육관광부
480		문화유산 국외전시 반출허가 현황	국가유산청
481		사이버방송영상아카데미운영	문화체육관광부
482		유네스코 유산 현황	국가유산청
483		전통사찰 지정등록 현황	문화체육관광부
484		체육지도자 양성 현황	문화체육관광부
485		초고속인터넷 가입자	과학기술정보통신부
486	여가 활동	국민생활체육 참여 현황	문화체육관광부
487		국민여행 총량	문화체육관광부
488		궁능원 관람객 수	국가유산청
489		독서인구	통계청
490		매체별 TV프로그램 시청경험 비율	방송통신위원회
491		문화예술교육 프로그램 보급 추이	문화체육관광부
492		외래관광객수	문화체육관광부
493		인터넷이용률	과학기술정보통신부
494		주요 방송사업자 시청점유율 현황	방송통신위원회
495		주요관광지점 입장객 통계	문화체육관광부
496		해외여행자수	문화체육관광부
497	여가 결과	관광수지 실적	문화체육관광부
498		스마트폰 과의존 현황	과학기술정보통신부
499		앞으로 하고 싶은 여가활동	통계청
500		주요 영화산업국가의 자국영화 점유율 현황	문화체육관광부
501	기타	1인 1일 스팸수신량	방송통신위원회
502		ITU ICT 발전지수	과학기술정보통신부
503		디지털정보격차 현황	과학기술정보통신부
504		시내/이동전화 가입자	과학기술정보통신부

순번	영역		지표명	부처
505		기타	정기간행물 등록현황	문화체육관광부
506			침해사고 신고건수	과학기술정보통신부
	범죄와 사법 정의			
507		범죄 발생	112신고접수 현황	경찰청
508			1심, 2심무죄 현황	검찰청
509			5대 강력사범 접수/처리 현황	검찰청
510			고발사건 접수/처리 추이	검찰청
511			사고발생 및 인명피해	행정안전부
512			사이버범죄 발생 및 검거	경찰청
513			죄종별 외국인 범죄현황	경찰청
514			청소년 유해매체 및 약물경험 실태	여성가족부
515			총범죄 발생 및 검거	경찰청
516			피의자 보상금 지급 현황	검찰청
517			해상범죄 발생건수 및 처리현황	해양경찰청
518			해적사건현황	해양수산부
519		범죄 피해	개인정보 침해 신고·상담 건수	개인정보보호위원회
520			고소사건 접수/처리 현황	검찰청
521			범죄피해구조금 지급 현황	법무부
522			성매매피해자지원 현황	여성가족부
523			학대피해아동 보호 건수	보건복지부
524			형사보상금 지급 현황	검찰청
525		치안	가정폭력관련시설 운영 실적	여성가족부
526			경찰 인력 현황	경찰청
527			공공기관 CCTV 설치 및 운영	개인정보보호위원회
528			교정시설수용 현황(1일평균수용인원)	법무부
529			구속영장청구발부 현황	검찰청

순번	영역	지표명	부처
530	치안	구조활동 현황	소방청
531		국립과학수사연구원 감정실적	행정안전부
532		국립법무병원 수용자 현황	법무부
533		국외도피사범 송환 현황	경찰청
534		마약밀수 검거추이	관세청
535		마약사범 단속 현황	해양경찰청
536		민방위대 편성	행정안전부
537		밀수 등 관세·부정무역사범단속 현황	관세청
538		밀수사범 단속 현황	해양경찰청
539		밀입국자, 밀출국자 단속 현황	해양경찰청
540		범죄 유형별 형사사건처리현황(경제사범)	검찰청
541		범죄 유형별 형사사건처리현황(병역사범)	검찰청
542		범죄 유형별 형사사건처리현황(폭력사범)	검찰청
543		범죄 유형별 형사사건처리현황(흉악사범)	검찰청
544		범죄 유형별 형사사건처리현황-교통사범	검찰청
545		범죄 유형별 공안사건처리현황-보안법위반사범	검찰청
546		범죄유형별 공안사건처리현황(선거사범)	검찰청
547		범죄유형별 형사사건처리현황-소년사범	검찰청
548		범죄유형별 형사사건처리현황-환경사범	검찰청
549		보호관찰 조사 현황	법무부
550		보호관찰 현황	법무부
551		보호관찰대상자 재범률	법무부
552		보호소년·위탁소년 현황	법무부
553		불법조업 외국어선 단속 현황	해양경찰청
554		성폭력관련시설 운영실적	여성가족부
555		소방공무원 1인당 담당 인구수	소방청

순번	영역	지표명	부처
556	치안	소방인력 현황	소방청
557	치안	수형자 출소사유별 현황	법무부
558	치안	수형자 학과교육 현황	법무부
559	치안	신분별 사건처리현황-외국인사건 등	검찰청
560	치안	실종아동등 신고접수 및 처리 현황	경찰청
561	치안	심리치료프로그램 이수명령집행 현황	법무부
562	치안	외환사범 단속 현황	관세청
563	치안	위조상품 단속건수	특허청
564	치안	전체사건 접수/처리 현황	검찰청
565	치안	즉결심판 청구건수	경찰청
566	치안	집회시위현장 경찰관 부상자 발생	경찰청
567	치안	출소자 3년 이내 재복역률	법무부
568	치안	출입국관리법 위반자 처리 현황	법무부
569	치안	특정 범죄자 위치추적 현황	법무부
570	치안	항만국 통제(PSC) 점검률	해양수산부
571	기타	각 군 현역병모집 입영 현황	병무청
572	기타	국가배상사건수	법무부
573	기타	국가소송사건수	법무부
574	기타	군 사망사고 현황	국방부
575	기타	민사 및 형사 법률구조 현황	법무부
576	기타	변호사/공증사무소 현황	법무부
577	기타	변호사시험 합격자 현황	법무부
578	기타	병역자원 현황	병무청
579	기타	병역판정검사 현황	병무청
580	기타	분류심사 · 상담조사 · 대안교육실시인원 현황	법무부
581	기타	사회복무요원소집 현황	병무청

순번	영역	지표명	부처
582	기타	아동 안전사고 현황	보건복지부
583		예비군 교육훈련 현황	국방부
584		의료기기 수거검사 현황	식품의약품안전처
585		전국 청소년 상담 내용 및 대상 현황	여성가족부
586		청소년 가출실태	여성가족부
587		총기등 허가 현황	경찰청
588		항고 재항고 접수/처리 현황	검찰청
589		해상 조난사고 현황	해양경찰청
590		해양사고 통계	해양수산부
591		해양오염사고 발생 현황	해양경찰청
592		행정소송 사건수	법무부
593		현역병 입영 현황	병무청
	사회통합		
594	시민성	공공기관 청렴도	국민권익위원회
595		부패 인식도	국민권익위원회
596		부패인식지수(CPI)	국민권익위원회
597	연대	1388 청소년 전화 접수 현황	여성가족부
598		뇌사자 장기기증 현황	보건복지부
599		비영리민간단체등록	행정안전부
600		자원봉사참여(성인)	행정안전부
601		헌혈인구 및 개인헌혈비율	보건복지부
602		현금 기부 인구	통계청
603	포용성	IPU 여성국회의원비율 및 각국 순위	여성가족부
604		국가유공자 등 재가복지서비스 현황	국가보훈부
605		국민기초생활보장 수급 현황	보건복지부
606		난민 통계 현황	법무부

순번	영역	지표명	부처
607	포용성	노인복지시설 현황	보건복지부
608		농업인 복지지원 현황	농림축산식품부
609		독립유공자 포상자 현황	국가보훈부
610		보호대상아동 현황보고	보건복지부
611		보호소년 교과교육 현황	법무부
612		보훈 보상금 지급 현황	국가보훈부
613		보훈대상자 교육지원 현황	국가보훈부
614		보훈대상자 의료지원 실적	국가보훈부
615		보훈대상자 취업 및 대부지원 현황	국가보훈부
616		보훈대상자 평균 연령 현황	국가보훈부
617		보훈대상자 현황	국가보훈부
618		보훈심사 현황	국가보훈부
619		보훈행정 수혜 대상 현황	국가보훈부
620		북한이탈주민 입국인원 현황	통일부
621		사회복지 지출규모	보건복지부
622		상이 국가유공자 등 상이등급판정 현황	국가보훈부
623		성불평등지수(GII) 현황	여성가족부
624		장애인현황	보건복지부
625		장애인복지시설 및 사업 현황	보건복지부
626		정부위원회 여성참여율	여성가족부
627		중앙행정기관 장애인 공무원 고용률	인사혁신처
628		지방자치단체 사회복지분야 예산비중	행정안전부
629		지방자치단체 여성공무원	행정안전부
630		참전유공자 현황	국가보훈부
631		출소자 취업 현황	법무부
632		한부모가족복지시설 수 및 현황	여성가족부

순번	영역	지표명	부처
633		UN 전자정부평가	행정안전부
634		개성공단 생산액 및 근로자 현황	통일부
635		고충민원 접수·처리 현황	국민권익위원회
636		공공기관 정보공개	행정안전부
637		공공데이터 개방 및 활용	행정안전부
638		교통약자 교통수단 도입 현황	국토교통부
639		교통약자 이동편의시설 기준적합 설치 현황	국토교통부
640		교통약자 현황	국토교통부
641		국가기록물 소장	행정안전부
642		국가기록물 열람 현황	행정안전부
643		국내·외 현충시설 등 현황	국가보훈부
644		국립묘지별 안장 현황	국가보훈부
645	기타	국민연금 수급자 현황	보건복지부
646		국민연금 재정 현황	보건복지부
647		국방 교류협력 현황	국방부
648		국외안장선열 유해봉환 현황	국가보훈부
649		군인연금 예산규모 및 수급자 추이	국방부
650		남북 교역 추이	통일부
651		남북 이산가족 상봉 추이	통일부
652		남북 인적교류 및 물동량 추이	통일부
653		남북교류협력기금 조성 추이	통일부
654		남북군사회담 개최 현황	국방부
655		남북군사회담합의서 체결 현황	국방부
656		대북지원 현황	통일부
657		병영생활관 개선 현황	국방부
658		수교국/미수교국 현황	외교부

순번	영역	지표명	부처
659	기타	승강기 보유 및 사고	행정안전부
660		시정권고 및 조정합의 현황	국민권익위원회
661		아동급식지원 현황	보건복지부
662		여권발급 추이	외교부
663		역대사면실시 현황	법무부
664		우리나라 조약발효 현황	외교부
665		재외공관 규모/분포	외교부
666		재외동포현황	재외동포청
667		전자정부서비스 이용실태조사 결과	행정안전부
668		정부24 서비스	행정안전부
669		정부기구 추이	행정안전부
670		제대군인 지원 현황	국가보훈부
671		제대군인현황	국가보훈부
672		중앙-지방간 인사교류	인사혁신처
673		퇴직연금 도입 현황	고용노동부
674		해외파병 현황	국방부
675		행정기관 위원회	행정안전부
676		행정부 소속 재산등록의무자 현황	인사혁신처
677		행정정보 공동이용	행정안전부
678		향후 늘려야 할 복지서비스	통계청
사회·환경			
생활환경과 오염			
679	대기	대기오염물질 배출량	환경부
680		대기오염물질 배출업소현황	환경부
681		주요 도시 대기오염도	환경부
682		주요도시의 빗물의 산도	환경부

순번	영역		지표명	부처
683		대기	황사발생 빈도	기상청
684		수질	가축분뇨 발생량 및 처리 현황	환경부
685			수질현황	환경부
686			폐수배출시설 및 배출량 현황	환경부
687			하수도 보급률 변화추이	환경부
688		폐기물	생활, 사업장(일반, 건설) 폐기물발생 및 처리 현황	환경부
689			육상폐기물 해양투기량 추이	해양수산부
690			지정폐기물 발생 및 처리 현황	환경부
691			폐기물 재활용실적 및 업체 현황	환경부
692		유해 물질	농약 및 화학비료 사용량	농림축산식품부
693			화학물질 배출량 및 통계 조사	환경부
694		환경 관리	친환경 상품 구매실적	조달청
695			친환경상품구매실적	환경부
696			환경전문공사업 수주실적	환경부
697		기타	소음.진동 배출시설 현황	환경부
698			주요 대도시 환경소음도	환경부
699			토양오염도현황	환경부
700			환경보전에 관한 국민의식조사	환경부
701			환경오염 분쟁조정	환경부
	환경			
	생태환경과 자연자원			
702		생물 다양성	멸종위기 야생생물 지정 현황	환경부
703			자생생물종 현황	환경부
704		육상 생태	개발제한구역 지정 및 해제 현황	국토교통부
705			경지면적 추이	농림축산식품부
706			국내조림 및 숲가꾸기 현황	산림청

순번	영역	지표명	부처
707	육상 생태	국립공원현황	환경부
708		국토현황(행정구역별,소유자별,지목별)	국토교통부
709		목재수급 현황	산림청
710		산림 면적 및 임목축적	산림청
711		산림 병해충 발생 및 방제 현황	산림청
712		산지의 타용도 전용 현황	산림청
713		수목원 현황	산림청
714		자연휴양림 운영.이용 현황	산림청
715		전국 도시숲 현황	산림청
716		해외조림 현황	산림청
717	해양 수산	연안습지(갯벌) 면적의 변동 추이	해양수산부
718		전국연안 수질(COD)현황	해양수산부
719		특별관리해역 수질(COD)현황	해양수산부
720		해양보호구역 지정 현황	해양수산부
721	수자원	광역상수도 및 공업용수도	환경부
722		댐 저수 현황	환경부
723		상수도 급수 현황(보급 및 급수량)	환경부
724		수자원 현황	환경부
725		지하수 및 지표수의 연간 취수량	환경부
726		지하수 이용 현황	환경부
727		하천정비(제방)현황	환경부
경제·환경				
기후변화와 에너지				
728	온실 가스	CO_2 연평균 농도 변화 추이	기상청
729		국가 온실가스 배출 현황	환경부
730		에어로졸 PM10 연평균 농도 변화 추이	기상청

순번	영역	지표명	부처
731	자연재해	강수량 추이	기상청
732		기온 추이	기상청
733		기후평년값(과거 30년 통계) 추이	기상청
734		산불피해 현황	산림청
735		산사태피해 현황	산림청
736		일조시간 추이	기상청
737		자연재난 발생	행정안전부
738		자연재난 복구비	행정안전부
739		지진발생 빈도	기상청
740		지진해일발생 현황	기상청
741		특별재난지역 선포	행정안전부
742		화재발생 현황	소방청
743	1차 에너지	가스(LNG)수급 동향	산업통상자원부
744		석유수급 동향	산업통상자원부
745		석탄(무연탄)수급 동향	산업통상자원부
746		에너지 수급 현황	산업통상자원부
747	전력	에너지원별 발전량 현황	산업통상자원부
748		전력수급 동향	산업통상자원부
749	신재생에너지	신재생에너지 보급 현황	산업통상자원부

국가승인통계

출처: 통계청(https://kostat.go.kr)

통계분야	통계명	주기	승인번호	작성기관
건설	건설경기동향조사	월	101016	통계청
	도시정비사업 현황	1년	116063	국토교통부
	건축물통계	1년	116011	국토교통부
	건설공사계약통계	분기	116074	국토교통부
	건축허가·착공·준공통계	월	116005	국토교통부
	기계설비산업실태조사	1년	116076	국토교통부
	건설업조사	1년	101014	통계청
경제일반·경기	소상공인시장경기동향조사	월	142004	중소벤처기업부
	시장구조분석	기타	152001	공정거래위원회
	경기종합지수	월	101021	통계청
	전국사업체조사	1년	101037	통계청
	설비투자지수	월	101040	통계청
	중소기업경기전망조사	월	920014	중소벤처기업부
	전산업생산지수	월	101073	통계청
	경제총조사	5년	101071	통계청
	산림산업조사	1년	136038	산림청
	부동산서비스산업실태조사	1년	116077	국토교통부
	해양관광산업통계조사	2년	146004	해양수산부
	중견기업경기전망조사	분기	115036	산업통상자원부
	식품산업경기동향조사	분기	114057	농림축산식품부
	경제이해력조사	2년	102008	기획재정부
과학·기술	연구개발활동조사	1년	105001	과학기술정보통신부
	지식재산권통계	월	138001	특허청
	이공계 인력 육성 활용과 처우등에 관한 실태조사	3년	105005	과학기술정보통신부

통계분야	통계명	주기	승인번호	작성기관
과학·기술	국내바이오산업실태조사	1년	115015	산업통상자원부
	엔지니어링사업자·기술자 현황	1년	115029	산업통상자원부
	공간정보산업조사	1년	116073	국토교통부
	지식재산활동조사	1년	138002	특허청
	중소기업기술통계조사	1년	340006	중소벤처기업부
	나노융합산업조사	1년	115031	산업통상자원부
	우주산업실태조사	1년	127001	우주항공청
	국가연구개발사업통계	1년	127003	과학기술정보통신부
	방사선 및 방사성동위원소이용실태조사	1년	105004	과학기술정보통신부
	이공계석박사추적조사	1년	127022	과학기술정보통신부
	인공지능산업실태조사	1년	127016	과학기술정보통신부
	공공기술이전사업화현황조사	1년	115022	산업통상자원부
	여성과학기술인력활용실태조사	1년	105003	과학기술정보통신부
	연구산업실태조사	1년	127023	과학기술정보통신부
광업·제조업	기계수주동향조사	월	101020	통계청
	제조업경기조사	분기	115010	산업통상자원부
	광업제조업동향조사	월	101011	통계청
	소재·부품·장비산업동향조사	월	115012	산업통상자원부
	광업제조업조사	1년	101009	통계청
	봉제업체실태조사	2년	115030	산업통상자원부
	제조업국내공급지수	월	101083	통계청
	산업디지털전환실태조사	1년	115039	산업통상자원부
	탄소소재·부품산업통계조사	1년	115040	산업통상자원부
교육·훈련	진로교육현황조사	1년	112016	교육부
	특수교육실태조사	3년	112014	교육부
	대학산학협력활동실태조사	1년	112017	교육부

통계분야	통계명	주기	승인번호	작성기관
교육·훈련	초중고사교육비조사	1년	920011	통계청
	성인역량조사	10년	920025	교육부
	유아교육실태조사	5년	112018	교육부
교통·물류	운수업조사	1년	101019	통계청
	입항선박톤급별통계	월	123010	해양수산부
	화물수송실적	월	123009	해양수산부
	도로교통량조사	1년	116004	국토교통부
	자동차등록현황보고	월	116015	국토교통부
	운전면허소지자현황	1년	132001	경찰청
	항공교통관제업무통계	월	116029	국토교통부
	도로교량 및 터널 현황	1년	116050	국토교통부
	운항선박통계	1년	123018	해양수산부
	항만시설 및 능력 현황	1년	123016	해양수산부
	대중교통현황조사	1년	116069	국토교통부
	국가교통조사	5년	116027	국토교통부
	항만국통제통계	1년	123034	해양수산부
	기업물류비실태조사	2년	360007	산업통상자원부
	도로현황	1년	116006	국토교통부
	교통부문수송실적보고	분기	116013	국토교통부
	자전거이용 현황	1년	110031	행정안전부
	등록선박통계	월	123011	해양수산부
	교통문화실태조사	1년	116070	국토교통부
국민계정	국민대차대조표	1년	920013	통계청
	가계생산위성계정	5년	101086	통계청
	국민이전계정	1년	101085	통계청
	지역소득	1년	101028	통계청

통계분야	통계명	주기	승인번호	작성기관
국토 이용	국토지리정보 현황	1년	116042	국토교통부
	택지예정지구지정 및 공급 현황	1년	116035	국토교통부
	토지소유 현황	1년	110013	국토교통부
	외국인토지 현황	반기	116068	국토교통부
	상가건물임대차실태조사	2년	142006	중소벤처기업부
	지적통계	1년	110005	국토교통부
	국가해안선조사	1년	146008	해양수산부
기업 경영	벤처기업정밀실태조사	1년	142003	중소벤처기업부
	창업기업동향	월	142009	중소벤처기업부
	대기업집단지정 및 채무보증 현황	1년	152005	공정거래위원회
	중견기업 기본통계	1년	142017	산업통상자원부
	장애인기업실태조사	1년	142014	중소벤처기업부
	창업기업실태조사	1년	142016	중소벤처기업부
	중소기업실태조사	1년	142001	중소벤처기업부
	협동조합실태조사	2년	102007	기획재정부
	기업 및 공공기관의가족친화수준조사	3년	117082	여성가족부
	기업생멸 행정통계	1년	101078	통계청
	기업활동 조사	1년	101066	통계청
	경제자유구역입주사업체 실태조사	1년	115035	산업통상자원부
	뿌리산업실태조사	1년	115034	산업통상자원부
	중증장애인생산품 생산시설 실태조사	3년	117103	보건복지부
	사회적기업실태조사	5년	118046	고용노동부
	1인창조기업실태조사	1년	142015	중소벤처기업부
	중소기업기본통계	1년	142019	중소벤처기업부
	소셜벤처실태조사	1년	142020	중소벤처기업부
	하도급거래실태조사	1년	152009	공정거래위원회

통계분야	통계명	주기	승인번호	작성기관
기업 경영	일가정양립실태조사	1년	118045	고용노동부
	소상공인실태조사	1년	142021	중소벤처기업부
노동	고용형태별근로실태조사	1년	118020	고용노동부
	일자리행정통계	1년	101074	통계청
	전국노동조합조직 현황	1년	118024	고용노동부
	장애인의무고용 현황	1년	118030	고용노동부
	산업기술인력수급실태조사	1년	115016	산업통상자원부
	경제활동인구조사	월	101004	통계청
	산재보험통계	1년	118011	고용노동부
	노사분규통계	1년	118026	고용노동부
	고용허가제고용동향	분기	118027	고용노동부
	직종별사업체노동력조사	반기	118005	고용노동부
	사업체노동실태 현황	1년	118021	고용노동부
	고령자고용 현황	1년	118031	고용노동부
	이민자체류실태 및 고용조사	1년	920018	통계청
	지역별고용조사	반기	101067	통계청
	경력단절여성등의경제활동실태조사	3년	154020	여성가족부
	임금근로일자리동향행정통계	분기	101088	통계청
	육아휴직통계	1년	101092	통계청
	고용행정통계	월	920028	고용노동부
	일자리이동통계	1년	101091	통계청
	사업체노동력조사	월	118002	고용노동부
	사업체기간제근로자현황조사	반기	118042	고용노동부
농림	배합사료생산실적 및 원료사용실적	월	114020	농림축산식품부
	농산물소득조사	1년	143002	농촌진흥청
	농림업생산지수	1년	114029	농림축산식품부

통계분야	통계명	주기	승인번호	작성기관
농림	임산물생산비조사	1년	136033	산림청
	농어업인등에대한복지실태조사	1년	114037	농촌진흥청
	여성농업인실태조사	5년	114036	농림축산식품부
	특용작물생산실적	1년	114019	농림축산식품부
	농축산물생산비조사	1년	101043	통계청
	국가산림자원조사	5년	136014	산림청
	농업면적조사	1년	114033	통계청
	과실류가공 현황	1년	114017	농림축산식품부
	화훼재배 현황	1년	114032	농림축산식품부
	농업기계보유 현황	1년	114010	농림축산식품부
	식품산업원료소비실태조사	1년	114047	농림축산식품부
	시설채소온실현황 및 생산실적	1년	114018	농림축산식품부
	기능성양잠산업 현황	1년	114016	농림축산식품부
	산림기본통계	5년	136001	산림청
	목재이용실태조사	1년	136034	산림청
	우유 및 유제품생산소비상황	1년	114022	농림축산식품부
	도축검사보고	월	114021	농림축산식품부
	목재수급통계	1년	136005	산림청
	농업인의업무상질병 및 손상조사	1년	143003	농촌진흥청
	농작물생산조사	1년	114004	통계청
	임업경영실태조사	1년	136022	산림청
	농업기계이용실태조사	1년	143004	농촌진흥청
	양곡소비량조사	1년	101049	통계청
	귀농어·귀촌인통계	1년	930002	통계청
	농림어업조사	1년	101045	통계청
	농업법인조사	1년	114049	농림축산식품부

통계분야	통계명	주기	승인번호	작성기관
농림	가공식품소비자태도조사	1년	114053	농림축산식품부
	말산업실태조사	1년	114051	농림축산식품부
	종자산업현황조사	2년	114052	농림축산식품부
	전국산주 현황	1년	136035	산림청
	귀농귀촌실태조사	1년	114055	농림축산식품부
	임산물생산조사	1년	136006	산림청
	한식산업실태조사	1년	114058	농림축산식품부
	임산물소득조사	1년	136036	산림청
	농촌관광실태조사	2년	143005	농촌진흥청
	축산환경조사	1년	114059	농림축산식품부
	농축산식품산업실태조사	1년	114056	농림축산식품부
	농림어업총조사	5년	101041	통계청
	북한벼재배면적조사	1년	101090	통계청
	가축동향조사	분기	920019	통계청
도소매·서비스	주요유통업체매출동향조사	월	115023	산업통상자원부
	광고산업조사	1년	113009	문화체육관광부
	스포츠산업조사	1년	113021	문화체육관광부
	관광산업조사	1년	113017	문화체육관광부
	디자인산업통계	1년	115026	산업통상자원부
	소모성자재납품업실태조사	2년	142018	중소벤처기업부
	콘텐츠산업조사	1년	920026	문화체육관광부
	서비스업동향조사	월	101050	통계청
	외식산업경기동향지수	분기	114050	농림축산식품부
	온라인쇼핑동향조사	월	101056	통계청
	서비스업조사	1년	101027	통계청
	프랜차이즈조사	1년	101089	통계청

통계분야	통계명	주기	승인번호	작성기관
도소매·서비스	외식업체경영실태조사	1년	114054	농림축산식품부
무역·국제수지	무역경기확산지수	월	134004	관세청
	중소기업수출동향	분기	142011	중소벤처기업부
	해외직접투자통계	분기	102003	기획재정부
	공적개발원조실적통계	1년	102002	국무조정실
	외국인직접투자통계	분기	115020	산업통상자원부
	무역통계	월	134001	관세청
	기술무역통계	1년	105002	과학기술정보통신부
	수출입물류통계	월	134002	관세청
	FTA특혜무역활용통계	분기	134005	관세청
	기업특성별무역통계	분기	920017	통계청
	수입물품에대한관세 및 내국세통계	1년	134007	관세청
	중견기업수출동향	분기	115037	산업통상자원부
	기업무역활동통계	1년	134006	관세청
문화·여가	외래관광객조사	월	314002	문화체육관광부
	국민독서실태조사	2년	113018	문화체육관광부
	주요관광지점입장객통계	분기	113005	문화체육관광부
	국민생활체육조사	1년	113003	문화체육관광부
	전국도서관통계	1년	113016	문화체육관광부
	국민여행조사	월	314001	문화체육관광부
	국가유산관리현황	1년	150002	국가유산청
	국민여가활동조사	1년	113014	문화체육관광부
	국민문화예술활동조사	1년	113001	문화체육관광부
	근로자휴가조사	1년	113023	문화체육관광부
	국민문화예술교육조사	1년	113026	문화체육관광부

통계분야	통계명	주기	승인번호	작성기관
문화·여가	한국수어활용조사	3년	113022	문화체육관광부
	지역문화현황통계	3년	113024	문화체육관광부
	국가유산(문화재)산업조사	1년	150004	국가유산청
	국제문화교류실태조사	3년	113027	문화체육관광부
	산림휴양복지활동조사	1년	136037	산림청
	문화체육관광일자리현황조사	분기	113025	문화체육관광부
	예술인실태조사	3년	113002	문화체육관광부
	공연예술조사	1년	113015	문화체육관광부
	문화다양성실태조사	2년	113028	문화체육관광부
물가	산지쌀값조사	순기(10일)	101079	통계청
	소비자물가조사	월	101007	통계청
	농가판매 및 구입가격조사	분기	306001	통계청
범죄·안전	철도경찰통계	1년	116049	국토교통부
	화재발생총괄표	1년	156001	소방청
	119구조구급활동실적보고	1년	156002	소방청
	자연재해 현황	1년	156003	행정안전부
	위험물통계	1년	156008	소방청
	해상조난사고통계	1년	155007	해양경찰청
	지진 및 지진해일발생통계	1년	141001	기상청
	산불통계	1년	136025	산림청
	경찰접수교통사고 현황	1년	132002	경찰청
	철도사고 현황	1년	116048	국토교통부
	해양사고 현황	1년	123020	해양수산부
	성폭력안전실태조사	3년	154012	여성가족부
	성희롱실태조사	3년	154018	여성가족부
	소방산업통계조사	1년	156010	소방청

통계분야	통계명	주기	승인번호	작성기관
범죄·안전	범죄분석통계	1년	135001	검찰청
	재난안전산업실태조사	1년	175001	행정안전부
	경찰청범죄통계	분기	132004	경찰청
	방위산업실태조사	1년	169003	방위사업청
	여성폭력실태조사	3년	154023	여성가족부
	사고발생현황	1년	156006	행정안전부
	산업재해현황	월	118006	고용노동부
	가정폭력실태조사	3년	154011	여성가족부
	사이버폭력실태조사	1년	164003	방송통신위원회
	학대피해아동보호현황	1년	117064	보건복지부
	연구실안전관리실태조사	1년	127015	과학기술정보통신부
	노인학대현황	1년	117067	보건복지부
보건	전국어린이예방접종률 현황	1년	117093	질병관리청
	공중위생영업소실태보고	1년	117043	보건복지부
	청소년건강행태조사	1년	117058	질병관리청
	지역사회건강조사	1년	117075	질병관리청
	결핵환자신고 현황	1년	117107	질병관리청
	한국인인체치수조사	5년	115019	산업통상자원부
	의료기기생산실적	1년	145008	식품의약품안전처
	수입식품 현황	1년	145004	식품의약품안전처
	식품수거검사실적	1년	145005	식품의약품안전처
	암등록통계	1년	117044	보건복지부
	HIV/AIDS신고 현황	1년	117085	질병관리청
	의약품소비량 및 판매액통계	1년	117081	보건복지부
	생명표	1년	101035	통계청
	급성심장정지조사	반기	117088	질병관리청

통계분야	통계명	주기	승인번호	작성기관
보건	학생건강검사통계	1년	112002	교육부
	보건소 및 보건지소운영 현황	1년	117019	보건복지부
	근로자건강진단실시상황보고	1년	118009	고용노동부
	국민보건의료실태통계	5년	117049	보건복지부
	국민체력측정통계	1년	113004	문화체육관광부
	식품 및 식품첨가물생산실적	1년	145003	식품의약품안전처
	국민보건계정	1년	117068	보건복지부
	퇴원손상심층조사	1년	117060	질병관리청
	사망원인통계	1년	101054	통계청
	법정감염병발생보고	1년	117052	질병관리청
	아동구강건강실태조사	3년	117051	질병관리청
	국민건강영양조사	1년	117002	질병관리청
	한방의료이용 및 한약소비실태조사	1년	117087	보건복지부
	건강기능식품산업 현황	1년	145010	식품의약품안전처
	화장품산업 현황	1년	145011	식품의약품안전처
	보건의료질통계	1년	117100	보건복지부
	의료서비스이용 현황	1년	117030	보건복지부
	의약품생산 및 수출수입실적	1년	145009	식품의약품안전처
	식생활관리 현황	1년	145012	식품의약품안전처
	산후조리실태조사	3년	117101	보건복지부
	의료서비스경험조사	1년	117099	보건복지부
	장기등기증 및 이식통계	1년	117112	보건복지부
	위생용품산업 현황	1년	145014	식품의약품안전처
	심뇌혈관질환발생통계	1년	177001	질병관리청
	청소년건강패널조사	1년	117109	질병관리청
	국가정신건강 현황	1년	920023	보건복지부

통계분야	통계명	주기	승인번호	작성기관
보건	장애인건강보건통계	1년	117102	보건복지부
	중증외상 및 다수사상조사	1년	117105	질병관리청
	희귀질환등록통계	1년	117106	질병관리청
	어린이식생활안전지수	3년	145007	식품의약품안전처
	의료용마약류취급 현황	1년	145013	식품의약품안전처
	보건의료인력실태조사	3년	117110	보건복지부
	정신건강실태조사	5년	117050	보건복지부
복지	보호대상아동현황보고	1년	117034	보건복지부
	어린이집 및 이용자통계	1년	154007	교육부
	장애인 현황	1년	117061	보건복지부
	가정위탁국내입양 현황	1년	117070	보건복지부
	장애인실태조사	3년	117032	보건복지부
	보육실태조사	3년	331007	교육부
	장애인생활체육조사	1년	113020	문화체육관광부
	한국의사회복지지출	2년	117077	보건복지부
	노인실태조사	3년	117071	보건복지부
	사회서비스수요·공급실태조사	1년	117078	보건복지부
	아동복지시설보호아동 및 종사자현황보고	1년	117040	보건복지부
	국민기초생활보장수급자 현황	1년	117014	보건복지부
	사회복지자원봉사 현황	1년	117072	보건복지부
	연금통계	1년	101084	통계청
	국민생활실태조사	3년	117097	보건복지부
	한부모가족실태조사	3년	154016	여성가족부
	노숙인등의실태조사	5년	117098	보건복지부
	노인복지시설 현황	1년	117036	보건복지부
	장애인학대 현황	1년	117108	보건복지부

통계분야	통계명	주기	승인번호	작성기관
복지	장기요양실태조사	3년	117104	보건복지부
	장애인편의시설설치현황조사	5년	117035	보건복지부
사회 일반	생활시간조사	5년	101052	통계청
	중앙행정기관 및 지방자치단체소속위원회여성참여현황	기타	154004	여성가족부
	청소년매체이용 및 유해환경실태조사	2년	167001	여성가족부
	전국다문화가족실태조사	3년	117079	여성가족부
	아동종합실태조사	3년	117074	보건복지부
	가족실태조사	3년	154001	여성가족부
	사회조사	1년	101018	통계청
	자살실태조사	5년	117094	보건복지부
	국민다문화수용성조사	3년	154019	여성가족부
	한국도시통계	1년	110001	행정안전부
	청소년종합실태조사	3년	154013	여성가족부
	양성평등실태조사	5년	154021	여성가족부
	생애단계별행정통계	1년	101087	통계청
	청년삶실태조사	2년	170002	국무조정실
	인권의식실태조사	1년	129001	국가인권위원회
	고독사발생현황	1년	117111	보건복지부
	신혼부부통계	1년	101082	통계청
	주소정보산업통계조사	1년	110033	행정안전부
	위기청소년지원기관이용자생활실태조사	3년	154022	여성가족부
	결혼중개업실태조사	3년	154017	여성가족부
소득· 소비·자산	소득이동통계	1년	101093	통계청
	농가경제조사	1년	101042	통계청
	임가경제조사	1년	136023	산림청
	가계동향조사	분기	101006	통계청

통계분야	통계명	주기	승인번호	작성기관
소득·소비·자산	어가경제조사	1년	101044	통계청
	가계금융복지조사	1년	930001	통계청
수산	천해양식어업권통계	1년	123021	해양수산부
	등록어선통계	1년	123013	해양수산부
	수산물가공업통계	1년	123004	해양수산부
	한국선원통계	1년	123030	해양수산부
	수산물검역 및 수출검사통계	1년	123032	해양수산부
	원양어업통계조사	1년	114048	해양수산부
	어류양식동향조사	분기	123023	통계청
	낚시어선어획량조사	월	146006	해양수산부
	어업인의업무상질병 및 손상조사	1년	146005	해양수산부
	어업생산동향조사	월	123022	통계청
	어촌계현황조사	1년	146007	해양수산부
	귀어실태조사	1년	146009	해양수산부
	해양수산업통계조사	1년	146002	해양수산부
에너지	에너지사용량통계	1년	115007	산업통상자원부
	원자력산업실태조사	1년	105006	과학기술정보통신부
	수소산업실태조사	1년	115038	산업통상자원부
	에너지총조사	3년	115005	산업통상자원부
인구	국제인구이동통계	월	101064	통계청
	출입국자 및 체류외국인통계	1년	111001	법무부
	국내인구이동통계	월	101015	통계청
	주민등록인구현황	월	110026	행정안전부
	지방자치단체외국인주민 현황	1년	110025	행정안전부
	인구총조사	1년	101001	통계청
	장래인구추계	기타	101033	통계청

통계분야	통계명	주기	승인번호	작성기관
인구	인구동향조사	월	101003	통계청
	장래가구추계	기타	101062	통계청
임금	기업체노동비용조사	1년	118008	고용노동부
	최저임금적용효과에관한실태조사	1년	118040	고용노동부
	임금결정현황조사	월	118019	고용노동부
정보통신	전자정부서비스이용실태조사	1년	110029	행정안전부
	우편물통계	1년	120002	과학기술정보통신부
	기업정보화통계조사	1년	120008	과학기술정보통신부
	정보통신기술산업(ICT)통계	1년	120007	과학기술정보통신부
	ICT수출입통계	월	120021	과학기술정보통신부
	이러닝산업실태조사	1년	115028	산업통상자원부
	스팸수신량조사	반기	342004	방송통신위원회
	사물인터넷산업실태조사	1년	127002	과학기술정보통신부
	스마트폰과의존실태조사	1년	120019	과학기술정보통신부
	정보보호산업실태조사	1년	127013	과학기술정보통신부
	방송산업실태조사	1년	920010	과학기술정보통신부
	웹접근성실태조사	1년	127011	과학기술정보통신부
	스마트미디어산업실태조사	1년	127014	과학기술정보통신부
	전자정부수출실적조사	1년	110030	행정안전부
	ICT전문인력수급실태조사	1년	127009	과학기술정보통신부
	ICT기업경기조사	월	127008	과학기술정보통신부
	정보보호실태조사	1년	342005	과학기술정보통신부
	인터넷이용실태조사	1년	120005	과학기술정보통신부
	디지털정보격차실태조사	1년	120017	과학기술정보통신부
	디지털산업실태조사	1년	127021	과학기술정보통신부
	방송매체이용행태조사	1년	164002	방송통신위원회

통계분야	통계명	주기	승인번호	작성기관
정보통신	디지털크리에이터미디어산업실태조사	1년	127020	과학기술정보통신부
	클라우드산업실태조사	1년	127010	과학기술정보통신부
	블록체인산업실태조사	1년	127017	과학기술정보통신부
	가상증강현실(VR·AR)산업실태조사	1년	127019	과학기술정보통신부
	지능정보사회이용자패널조사	1년	164004	방송통신위원회
	ICT중소기업실태조사	1년	127012	과학기술정보통신부
	ICT실태조사	1년	127005	과학기술정보통신부
	사이버보안인력수급실태조사	1년	127024	과학기술정보통신부
	ICT인력동향실태조사	1년	127007	과학기술정보통신부
	SW융합실태조사	1년	385001	과학기술정보통신부
	위치정보사업자실태조사	1년	164005	방송통신위원회
	ICT주요품목동향조사	월	127006	과학기술정보통신부
	데이터산업현황조사	1년	127004	과학기술정보통신부
정부·재정	통합재정수지	월	102001	기획재정부
	남북인적왕래 현황	1년	103001	통일부
	인도적대북지원 현황	1년	103002	통일부
	남북이산가족교류 현황	월	103003	통일부
	국유재산 현황	1년	102004	기획재정부
	지방공기업 결산 및 경영분석	1년	110020	행정안전부
	공무원총조사	5년	163001	인사혁신처
	국가공무원인사통계	1년	163002	인사혁신처
	국가채무	1년	102006	기획재정부
	지방세외수입징수실적	1년	110006	행정안전부
	보훈보상금지급 현황	1년	109005	국가보훈부
	지방자치단체공무원인사통계	1년	110027	행정안전부
	통계인력 및 예산조사	2년	101013	통계청

통계분야	통계명	주기	승인번호	작성기관
정부·재정	국세통계	1년	133001	국세청
	조달통계	월	131003	조달청
	국가채권	1년	102005	기획재정부
	국가보훈대상자생활실태조사	3년	109006	국가보훈부
	국방통계	1년	122009	국방부
	지방세통계	1년	110007	행정안전부
	병무통계	1년	144001	병무청
주거	주택건설실적통계	월	116026	국토교통부
	주택도시기금 및 주택분양보증현황	1년	116040	국토교통부
	주택보급률	1년	116028	국토교통부
	임대주택통계	1년	116036	국토교통부
	주택총조사	1년	101002	통계청
	주거실태조사	1년	116031	국토교통부
	주택이외의거처주거실태조사	5년	116075	국토교통부
	아파트주거환경통계	1년	116010	국토교통부
	주택소유통계	1년	101080	통계청
	미분양주택현황보고	월	116025	국토교통부
환경	수질오염실태보고	월	106001	환경부
	기후변화감시통계	1년	141003	기상청
	토양오염도 현황	1년	106020	환경부
	주요도시환경소음도 현황	반기	106025	환경부
	비점오염원의화학물질배출량조사	4년	106014	환경부
	대기오염도 현황	월	106003	환경부
	연안습지면적 현황	5년	123029	해양수산부
	한국수문통계	1년	116007	환경부
	화학물질배출량조사	1년	106013	환경부

통계분야	통계명	주기	승인번호	작성기관
환경	국민환경보건기초조사	3년	106027	환경부
	댐·하천 현황	1년	116034	환경부
	해수수질실태보고	1년	123019	해양수산부
	상수도통계	1년	106006	환경부
	하수도통계	1년	106007	환경부
	화학물질통계조사	2년	106010	환경부
	배출시설단속조치 현황	1년	106002	환경부
	전국폐기물통계조사	5년	106009	환경부
	지하수 현황	1년	106032	환경부
	환경산업통계조사	1년	106016	환경부
	대기오염물질배출시설및굴뚝TMS 부착 사업장 배출량 현황	1년	106028	환경부
	전국폐기물발생 및 처리 현황	1년	106029	환경부
	수돗물먹는실태조사	3년	106035	환경부
	국가온실가스통계	1년	115018	환경부
	산업폐수발생 및 처리 현황	1년	106005	환경부
	쓰레기종량제현황	1년	106026	환경부
	기상관측통계	1년	141002	기상청
	대기오염물질배출량	1년	106033	환경부
	하천 수생태계 건강성 조사	1년	106031	환경부
	물산업통계	1년	106034	환경부
	국가토지피복통계	1년	106036	환경부
	가뭄정보통계	1년	110032	행정안전부
	환경보호지출계정	1년	301019	환경부
	환경전문공사업수주실적 현황	1년	106023	환경부
	환경교육실태조사	1년	106037	환경부

참고문헌

1. 단행본

- 노성민·류숙원·장석준·손지은·김다경(2023), 『공공기관평가론』, 운성사.
- 박순애 편(2022), 『공공부문과 성과측정 관리』, 문우사.
- 이석환(2022), 「제3장 공공부문의 성과지표 설정과 관리에 대한 이해」, 『공공부문의 성과측정과 관리』, 문우사.
- 이석환(2008), 『UOFO 신뢰받는 정부와 기업을 위한 전략적 성과관리』, 법문사.
- 이윤식(2011), 『정책평가론』, 대영문화사.
- 우윤석(2022), 「제5장 공공기관 주요사업 평가의 관점과 수단에 대한 재음미」, 『공공부문의 성과측정과 관리』, 문우사.
- 최연식(2022), 「제9장 경영평가에서 성과목표 설정과 공공기관의 인센티브」, 『공공부문의 성과측정과 관리』, 문우사.

2. 논문

- 김태일·한동숙(2023), 「공기업 경영평가의 타당성 분석」, 『한국정책학회보』, 32(2), 195-220.
- 남승아(2012), 「성과측정의 왜곡현상에 대한 기술적(descriptive) 연구: 성과지표 설정 과정을 중심으로」, 『GRI연구논총』, 14(3), 119-142.
- 박기남·윤성용(2020), 「경영평가에서 주요사업 계량지표의 점수보정에 관한 연구」, 『공공기관과 국가정책』, 2020(2), 281-345.
- 손지은·노성민(2021), 「메타평가를 활용한 지방공기업 경영평가제도 개선 방안에 관한 연구: 평가기관과 평가위원의 인식을 중심으로」, 『지방정부연구』, 25권(3), 105-124.
- 우윤석(2016), 「공공기관 주요사업 평가지표의 평가성 검토」, 『사회과학논총』, 19, 125-149.
- 정재진(2010), 「기관 특성과 환경적 특성이 지방공기업 경영평가 결과에 미치는 영향: 경영평가지표 및 등급부여 개선방안의 제시를 중심으로」, 『지방행정연구』, 24(2). 33-61.
- 주은혜(2016), 「공공가치 실패모형을 적용한 서울시 무상급식 정책분석」, 『한국정책학회보』, 25(1), 269-296.
- 신희영(2008), 「공정가치 모델과 민주적 거버넌스: 공공행정 정당성 위기의 극복 가능성」, 『한국행정학회 하계학술대회 발표 논문』.

3. 정부간행물

- 경기개발연구원(2006), 경기도 주요사업의 성과지표개발 연구.
- 국무조정실(2007), 성과지표 개발·관리매뉴얼.
- 국무조정실(2024), 정부업무성과관리운영지침.
- 국무조정실(2024), 성과관리 시행계획.

- 국무조정실(2007), 정부업무평가백서.
- 국무조정실(2022), 정부업무평가백서(2017~2021).
- 국토교통부(2024), 2024년도 기타공공기관 평가편람(안).
- 기획재정부(2024), 2024년도 공공기관 경영평가편람.
- 기획재정부·조세재정연구원(2012), 재정사업 성과지표 개발 매뉴얼.
- 산업통상자원부(2024), 2024년도 성과관리 시행계획.
- 행정안전부·지방공기업평가원(2023), 2024년도 지방공기업 경영평가편람.
- 행정안전부(2024), 2025년('24년 실적) 지방자치단체 합동평가 지표 매뉴얼.
- 행정안전부(2023), 2023년도 지방공기업 예산편성기준.
- 한국조세재정연구원(2019), 공공기관 경영평가 주요사업 계량지표의 변천에 관한 연구: 공기업.
- 한국조세재정연구원(2019), 기타공공기관 경영평가제도 개선 방안.

4. 인터넷사이트

- 국가승인통계(https://kostat.go.kr)
- 국가법령정보센터(https://www.law.go.kr)
- 기획재정부(https://www.moef.go.kr)
- 알리오(https://www.alio.go.kr)
- 정부업무평가포털(https://www.evaluation.go.kr)
- 지표누리(https://www.index.go.kr)
- 통계청 국제통계지수(https://kosis.kr)
- 클린아이(https://www.cleaneye.go.kr)

5. 해외문헌

- Benington, John & Moore, Mark H. (2011). Public value theory and practice. New York: Palgrave Macmillan.
- Berman, Evan M. (2006). Performance and Productivity in Public and Nonprofit Organizations. 2nd Edition. New York/London: M. E. Shape.
- Harty, Harry P. (1980). Productivity and Motivation: A Review of State and Local Government Initiatives.
- HM Treasury, Cabinet Office, National Audit office, Audit Commission, Office for National Statistics(2001). Choosing the Right Fabric: A Framework for Performance Information.
- Hoffmann, Olaf(1999). Performance Management: Systeme und Implementierungs- ansätze. Bern:c Verlag Paul Haupt.
- Hood, Christopher. (2007). Public Service Management by Numbers: Why Does it Vary· Where Has it Come From· What Are the Gaps and the Puzzles· Public Money and Management. 27(2): 95-102.
- Kelly, G. & Muers, S. (2002). Creating public value: An analytical framework for public service. London: Cabinet Office Strategy Unit.
- Otley, David T. (1999). Performance Management: A Framework for Management Control Systems Research. Management Accounting Research, 10(4): 363-382.
- Talbot, C. (2010). Theories of Performance: Organizational and Service Improvement in the Public Domain. NY: Oxford Univ. Press.